MARIE KACOUCHIA

AFRIKA VEGAN

Für meine lieben Eltern.

Die Linie des Horizonts löst sich auf.
Die Stunde ist gekommen,
in der nichts mehr dem Tag gehört.
Und auch noch nichts der Nacht.
Alles ist friedlich um uns herum.
Zarte Funken von Licht.
Vergängliches Feuer einer Flamme,
die bald verlöschen wird.

Was vom Tag blieb, *Désiré Kacouchia*

E-Mail: verlag@stiebner.com

Text: Marie Kacouchia
Fotografie: Fatou Wagué
Styling: Fatou Wagué/Marie Kacouchia
Covergestaltung und Layout: Danai Afrati basierend auf dem Design von Nicolas Gallois
Übersetzung aus dem Französischen: Martina Schmid, eurolanguage Fachübersetzungen GmbH
Lektorat und Projektleitung der deutschen Ausgabe: Dr. Verena Stindl
Druck: Imprimerie Pollina, 71 D44, 85400 Chasnais, Frankreich

2. Auflage
ISBN 978-3-8307-1067-7

Bibliografische Information der Deutschen Nationalbibliothek:
Die Deutsche Nationalbibliothek verzeichnet diese Publikation in der Deutschen Nationalbibliografie; detaillierte bibliografische Daten sind im Internet über http://dnb.dnb.de abrufbar.

www.stiebner.com

MARIE KACOUCHIA

AFRIKA VEGAN

Lieblingsrezepte von der Elfenbeinküste bis Mosambik

stiebner

AKWAABA!

Willkommen!

Ich bin Marie, eine junge Pariserin, die seit ihrer Kindheit zwischen den Kulturen ihrer beiden Heimatländer hin- und herpendelt: Frankreich und der Elfenbeinküste.

Mit meinem Engagement und meiner Leidenschaft für das Kochen möchte ich diese einzigartige Kultur, die die meine ist und die ich mit so vielen anderen teile, bekannter machen.

»Wenn du nicht weißt, wohin du gehst, blicke dorthin, woher du kommst!«

Wir sind Einwanderer oder Reisende, aus Afrika oder anderswo her. Wir schöpfen aus der Kultur unserer Herkunftsländer und der Kultur, in die wir aufgenommen wurden. Unsere Küche nenne ich gerne die Küche der Einwanderer. Eine harmonische Verbindung.

Die kulturelle Dualität ist für mich keineswegs eine Bürde, sondern ich empfinde sie als Stärke. Sie macht aus mir eine Person mit vielen Facetten. Sie nährt meine Kreativität und regt mich dazu an, die Welt mit Neugier und Wohlwollen zu erkunden.

Vor allem die Küche schafft eine Brücke zwischen Frankreich und der Elfenbeinküste. Beide Länder sind für ihre Esskultur und ihr ganz besonderes kulinarisches Erbe bekannt.

In Paris ebenso wie in Babi (Abidjan) bringt das Essen die Menschen zusammen, man tauscht, man teilt ...

Eine Lebensweisheit meiner Mutter Marie-Madeleine lautet:
»Koche mit dem Herzen oder koche gar nicht!«

Essen zuzubereiten ist ein ganz besonderer Moment des Teilens und gleichzeitig ein Geschenk an sich selbst. Ein heiliger Moment des Zusammenseins, den schlechte Stimmung unwiederbringlich verderben würde. Man räumt auf, stellt sein schönstes Geschirr auf den Tisch und nimmt sich die Zeit, die Schönheit der Zutaten, die man verarbeiten wird, zu bewundern.

INHALT

HAUPTGERICHTE

REISGERICHTE

DESSERTS

GETRÄNKE

EINLEITUNG

MAN IST, WAS MAN ISST

Dieses Buch ist eine Einladung zu einer Reise und eine Ode an die kulturelle und kulinarische Vielfalt. Ich freue mich, dass ich Ihnen eine vegane und gesunde Küche vorstellen kann, inspiriert von meiner Kindheit in der Elfenbeinküste. In den Rezepten leben meine Erinnerungen wieder auf, Spuren einer Zeit der Unbeschwertheit, die ich sehr geliebt habe.

Als ich die Rezepte aufgeschrieben habe, habe ich an die Sonntage in Grand-Bassam gedacht, wo wir Kinder mit den Füßen im Sand die köstlichsten Gerichte probierten, und eines war besser als das andere. Ich kann mich auch noch gut erinnern, wie ich von der Schule nach Hause kam und schnurstracks in die Küche lief, wo auf meine Brüder und mich das allgegenwärtige Alloco (frittierte Kochbananen) wartete. Und ich hatte auch die bunten Märkte vor Augen, den Lärm, die überbordenden Stände mit köstlichem Obst und Gemüse ... Ich hoffe, es gelingt mir, Sie dorthin mitzunehmen.

In meine Rezepte fließt auch mein Alltag als Pariserin ein, die trotz zeitweiligem Stress auf eine gute Ernährung nicht verzichten möchte. Die Gerichte sind einfach zuzubereiten, die meisten Zutaten finden Sie in Ihrem Supermarkt und bei Ihrem Gemüsehändler. Für ein paar wenige lade ich Sie ein, einmal ein afrikanisches Lebensmittelgeschäft zu besuchen, das Sie in jeder Großstadt finden – oder einfach online zu stöbern.

DIE KÜCHEN AFRIKAS, UNBEKANNTE KÖSTLICHKEITEN

Es gibt nicht eine afrikanische Küche, sondern viele afrikanische Küchen, alle mit charakteristischen Aromen, Zutaten und Rezepten. Von einer afrikanischen Küche zu sprechen wird dieser Vielfalt nicht gerecht.

Ein weiteres Vorurteil lautet, afrikanisches Essen sei nicht gesund. Doch auch afrikanische Gerichte sind ausgewogen. Es lohnt sich, neugierig zu sein, Neues auszuprobieren und dadurch ihren Reichtum zu entdecken.

Und nicht alle afrikanischen Gerichte müssen stundenlang köcheln. Viele von ihnen sind einfach, brauchen nur wenige Zutaten und sind im Handumdrehen zubereitet! Auch Afrikaner fern der Heimat sind oft der Meinung, dass die Gerichte ihrer Kindheit sehr aufwendig zu kochen seien, weshalb sie sie nur zu besonderen Anlässen zubereiten. Versuchen wir also, die bestehenden Klischees Rezept für Rezept zu widerlegen!

WAS IST VEGANISMUS?

Sich vegan zu ernähren bedeutet, auf den Verzehr aller von Tieren gewonnenen Produkte zu verzichten. Es handelt sich nicht um eine Diät, sondern um eine Lebensweise, die das Leiden von Tieren ablehnt. Sie beruht auf dem Respekt vor allen Lebewesen.

Eine vegane Ernährung schließt sämtliche tierischen Produkte wie Fleisch, Fisch, Schalentiere, Eier, Milchprodukte, Honig usw. aus. Sie basiert hauptsächlich auf Getreide, Obst, Gemüse und Ölsaaten.

Wie bei jeder anderen Ernährungsform ist Ausgewogenheit sehr wichtig. Eine ausgewogene vegane Ernährung verursacht keine Mangelerscheinungen, mit Ausnahme von Vitamin B12, das als Nahrungsergänzungsmittel zugeführt werden kann. Im Zweifelsfall und vor jeder Ernährungsumstellung sollten Sie jedoch den Rat Ihres Arztes einholen.

WARUM EIN VEGANES KOCHBUCH?

Einer der Gründe für dieses Buch ist, zu zeigen, dass eine überwiegend pflanzliche Ernährung nicht eintönig sein muss. Vegan zu kochen heißt nicht, dass »etwas« fehlt. Für mich ist es gleichbedeutend mit Lebensfreude und Kreativität. Ich hoffe, dieses Buch ist Ihnen eine Inspiration und Anregung, Ihre Ernährung neu zu erfinden. Ob aus reiner Neugier oder aus Überzeugung.

Mein veganes Kochbuch mit Rezepten aus Afrika habe ich geschrieben, um einen neuen Aspekt der afrikanischen Küchen zu vermitteln. Auch wenn Fleisch ein wichtiger Bestandteil ist, gibt es seit vielen Jahrhunderten afrikanische Gerichte, die vegan und sehr köstlich sind. Und auch unsere Vorfahren haben nicht jeden Tag Fleisch gegessen!

Ich hoffe, die Rezepte in diesem Buch werden Ihnen viel Freude bereiten. Sie sind einfach zuzubereiten, reich an Geschmackserlebnissen und voller Nährstoffe.

EIN GANZHEITLICHER ERNÄHRUNGSANSATZ

Warum essen wir? Weil wir leben möchten! Weil wir Energie zum Leben brauchen.

Essen ist ein Grundbedürfnis, das oft zur reinen Routine geworden ist. Die Zeit, die wir dem Essen widmen, nimmt immer weiter ab. Das hat Folgen in vielen Bereichen: gesundheitlich, ökologisch, sozial, wirtschaftlich und letztlich auch politisch. Essen ist eine Grundsatzentscheidung.

Um einen ganzheitlichen Ernährungsansatz zu leben, muss man sich zunächst ein paar Fragen stellen. Was ist der Zweck meiner Ernährung? Wir sollten unserer Ernährung einen neuen Sinn geben, denn sie dient nicht mehr allein dem Überleben. Ziel ist eine Ernährung, die Körper und Geist gleichermaßen nährt und den Planeten und die Menschen, die die Erde bewirtschaften, respektiert.

Konkret heißt das, industriell hergestellte Lebensmittel durch ursprüngliche, unverarbeitete Lebensmittel zu ersetzen. Saisonalen Produkten, am besten aus biologischer Landwirtschaft, den Vorzug zu geben und regionale Erzeuger zu unterstützen.

Niemand ist perfekt, aber es ist durchaus möglich, sich selbst etwas Gutes zu tun und gleichzeitig seinen ganz persönlichen Beitrag zur allgemeinen Veränderung zu leisten.

EINE EINERSEITS BESCHEIDENE, ANDERERSEITS REICHHALTIGE KÜCHE

Wenn ich die Zutaten für mein Essen auswähle, nehme ich die im wahrsten Sinne »einfachsten«. Die am wenigsten verarbeiteten, die am wenigsten verpackten, die am wenigsten »vermarkteten«. Dann freue ich mich darauf, sie zu verfeinern. Mit weniger mehr erreichen.

Das ist keine leichte Aufgabe, denn man muss mehr Zeit und Hingabe ins Kochen investieren. Aber das Ergebnis kann sich sehen lassen: Delikatessen, die nicht teuer sind.

ZUTATEN, DIE SIE IMMER ZU HAUSE HABEN SOLLTEN

Hier ist meine Liste der Zutaten, die Sie brauchen, um ein köstliches Gericht mit afrikanischer Note zaubern zu können. Die Zutaten sind in den meisten Supermärkten und in Biomärkten und Reformhäusern erhältlich, also kein Stress! Auch online kann man sie bestellen.

Obst und Gemüse

Frisches Obst und Gemüse spielen die Hauptrolle in meinen Rezepten. Experimentieren Sie mit Farben und Sorten und achten Sie darauf, dass Obst und Gemüse fast 50 % Ihrer Ernährung ausmachen.

In Abidjan schlendert man zwischen den Marktständen und plaudert mit den Gemüsehändlern, um ihnen ihre kleinen Geheimnisse zu entlocken. Der Markt ist in der Elfenbeinküste ein Ort der Geselligkeit. Man kommt miteinander ins Gespräch, tauscht Neuigkeiten aus, wählt sorgfältig das frischeste Gemüse aus ...

In Paris liebe ich es ganz besonders, in einer Épicerie zu stöbern und neue Produkte zu entdecken. Hier bekommt meine Kreativität neue Nahrung.

Bei der Auswahl von Obst und Gemüse sollten Sie immer darauf achten, dass es aus biologischem Anbau stammt und saisonal ist. Oder frieren Sie Ihr Lieblingsobst und -gemüse ein, dann geht es Ihnen bis zur nächsten Saison nicht aus.

Getreide und Hülsenfrüchte

- **Samen und Kerne:** Sie bilden eine der Grundlagen der veganen Ernährung, denn sie sind reich an Proteinen und essenziellen Mikronährstoffen (Vitamine, Mineralien, Enzyme etc.). Viele Samen und Kerne kann man auch keimen lassen, wodurch ihre Inhaltsstoffe eine größere Wirkung entfalten (Alfalfa, Rettich, Petersilie, Hirse, Linsen, Kichererbsen, Sonnenblumen, Sesam ...).

- **Reis:** Obwohl er ursprünglich aus Asien stammt, ist Reis ein Grundnahrungsmittel auf dem afrikanischen Kontinent. Er ist weit verbreitet, parfümiert erhältlich (Duftreis), als Ganzkornreis oder als Bruchreis. Vollkornreis ist besonders nahrhaft und sättigend.

- **Mais:** Ein wichtiger Bestandteil der afrikanischen Küche. Mais gibt es in vielen verschiedenen Formen: frisch, getrocknet, als Grieß oder Mehl.

- **Hülsenfrüchte:** Linsen und Bohnen werden oft verwendet, sie sind lecker und leicht zu konservieren. Ganz besonders mag ich die Augenbohnen – wegen ihres lustigen Aussehens.

- **Und als Ergänzung:** weniger bekannte Getreidesorten wie Fonio, Teff, Sorghum ... Sie sind glutenfrei und unglaublich nährstoffreich!

Speisefette und Speiseöle

Sie sind weitaus besser als ihr Ruf. Sparsam verwendet unterstützen die enthaltenen Fettsäuren unter anderem die Funktionen unserer Nervenzellen. Doch nicht alle Öle erfüllen denselben Zweck in der Küche. Meine Lieblingsöle zum Braten sind natives Kokosöl und Erdnussöl.

Zum Abschmecken verwende ich vorzugsweise kaltgepresstes natives Olivenöl, Sesamöl oder Walnussöl. Auch verleihe ich meinen Gerichten gerne mit einer Paste aus gerösteten Erdnüssen (Erdnussmus oder Erdnussbutter), Kokosnusscreme oder Sesampaste (Tahini) eine originelle Note.

Dosen und Gläser

Natürlich bevorzuge ich frisches Gemüse, es schmeckt einfach besser. Dennoch ist es praktisch, ein paar Konserven zu Hause zu haben. Auch die besten Köche greifen manchmal darauf zurück. Am liebsten sind mir Gläser (Kichererbsen, Kidneybohnen, Zuckermais frei von Gentechnik und zugesetztem Zucker). Auch Tomaten kaufe ich in allen möglichen Formen für die Vorratskammer (getrocknet, in Dosen, als Tomatenmark).

Gewürze

Eines ist sicher: Wer an afrikanische Gerichte denkt, denkt zuerst an Gewürze. Überall begegnet man Gewürzen und aromatischen Kräutern. In Hauptgerichten, Desserts und sogar in Getränken! Gewürze sind die wahren Zauberzutaten, die jedes Gericht verfeinern und einzigartig machen.

Würzen Sie Ihre afrikanisch inspirierten Gerichte mit Ingwer, Penja-Pfeffer (vermutlich der beste Pfeffer der Welt), Muskatnuss, Zimt, Vanille, Kreuzkümmel, eingelegten Zitronen, Tamarindenpaste, Akpi (Samen des Djansang-Baums), Sumbala (oder Netetou – Samen des Néré-Baums), rohen oder gerösteten Kakaobohnen ... Vergessen Sie auch nicht die Kräuter, die frisch oder getrocknet eine wahre Gaumenfreude sind!

Und natürlich die berühmte Chilischote! Chili ist aufgrund ihres betörenden Aromas und ihrer unvergleichlichen Wirkung sehr beliebt. Sie ist in allen Farben und Formen auf dem gesamten Kontinent verbreitet und wird ganz unterschiedlich verwendet. Man darf aber »pikant« nicht unbedingt mit »chilischarf« gleichsetzen. Alles ist eine Frage der Sorte und der Dosierung. Also keine Panik: Die Rezepte in diesem Buch schmecken auch denen, die nicht so gerne scharf essen.

AFRIKANISCHES SUPERFOOD

Ich liebe diese Feel-Good-Lebensmittel ganz besonders. Sie schmecken super und tun gut.

Kakao

Roher Kakao ist ein Superfood, denn er ist reich an Magnesium und Theobromin. Er hilft dem Köper, Stress abzubauen und Müdigkeit zu bekämpfen. Dank seiner Flavonoide hat Kakao zudem eine antioxidative Wirkung, die der Zellalterung vorbeugt.

Ingwer

Bei regelmäßigem Verzehr wirkt sich Ingwer nicht nur positiv auf die Verdauung aus, sondern regt auch das Immunsystem an. Als natürliches Tonikum soll er auch ein beliebtes Aphrodisiakum sein.

Knoblauch

Knoblauch wird aufgrund seines intensiven Geruchs oft gemieden. Er ist in der afrikanischen Küche jedoch sehr beliebt, und es wäre auch schade, auf seine positiven Wirkungen auf den Körper zu verzichten. Roh verzehrt beugt er erwiesenermaßen Infektionen vor. Ebenso reguliert er den Cholesterinspiegel und verringert so das Risiko von Herz-Kreislauf-Erkrankungen. Er stärkt das Immunsystem und auch gegen Krebserkrankungen wird ihm eine vorbeugende Wirkung zugeschrieben.

Süßkartoffeln

Süßkartoffeln sind reich an den Vitaminen A, B2, B5, B6, C. Sie enthalten zudem Kupfer, Magnesium, Mangan und Kalium und sind ein ebenso köstliches wie gesundes Nahrungsmittel. Dank ihrer Pigmente und Antioxidantien fördern sie auch die Schönheit der Haut. Und sie schützen vor Herz-Kreislauf-Erkrankungen und Bluthochdruck.

Avocado

Die Avocado aufgrund ihres Fettgehalts zu meiden ist zu voreilig. Denn sie ist reich an ungesättigten Fettsäuren, die den Cholesterinspiegel senken und gleichzeitig das Herz-Kreislauf-System unterstützen. Die Avocado enthält die Vitamine B6, C, E und A, Kalium, Magnesium, Eisen, Zink und Phosphor.

Kinkéliba

Kinkéliba ist ein buschiger Strauch, der auf den trockenen Böden Westafrikas wächst. Die Pflanze wird wegen ihrer harntreibenden Wirkung traditionell als Tee zubereitet. Kinkéliba fördert die Verdauung und regt die Gallenfunktion an. Hinzu kommen ihre antibakteriellen und entzündungshemmenden Eigenschaften. Kinkéliba schützt auch die Leberzellen.

Moringa

Moringa, auch »Baum des Lebens« oder »Wunderbaum« genannt, stammt ursprünglich aus dem Himalaya, wächst heute aber auch in weiten Teilen Afrikas. Moringa wird seit 5000 Jahren in der traditionellen Medizin verwendet und gilt als eine der nährstoffreichsten Pflanzen der Welt. Die Moringablätter enthalten große Mengen an pflanzlichen Proteinen, Antioxidantien, Vitaminen, essenziellen Aminosäuren, Omega-3 und Omega-6 und Spurenelementen. Man bekommt sie in Europa vor allem als Pulver und als Tee.

PLANTIN
1
50

GRUND-REZEPTE

IVORISCHE VINAIGRETTE

(Sauce Vierge)

FÜR 1 SCHÜSSEL • ZUBEREITUNG: 15 MINUTEN • OHNE KOCHEN

2 Tomaten
1 Salatgurke
1 gelbe Zwiebel
2 Knoblauchzehen
1 EL Olivenöl
1 EL Dijon-Senf
3 EL weißer Balsamico-Essig
2 TL Gemüsebrühe
Pfeffer

1 Das Gemüse waschen. Tomaten und Gurke entkernen und in kleine Würfel schneiden. Zur Seite stellen. Zwiebel und Knoblauch fein schneiden und ebenfalls beiseitestellen.

2 In einer Schüssel Olivenöl, Senf, Essig und Gemüsebrühe vermischen. Wenn die Mischung homogen ist, das geschnittene Gemüse hinzugeben, mit Pfeffer würzen und erneut umrühren.

Tipp

Wenn Sie es gerne scharf mögen, können Sie eine entkernte und zerkleinerte grüne Chilischote in das Dressing geben. Diese Vinaigrette wird traditionell zu Attiéké gereicht und kann im Kühlschrank 24 Stunden aufbewahrt werden.

SATINI COTOMILI

(Salsa mit Koriander)

FÜR 1 SCHÜSSEL • ZUBEREITUNG: 10 MINUTEN • OHNE KOCHEN

1 weiße Zwiebel
1 große Knoblauchzehe
2 Tomaten
1 grüne Chilischote
1 Bund frischer Koriander
2 EL weißer Essig
Salz, Pfeffer

1 Die Zwiebel in grobe Stücke schneiden. Den Knoblauch schälen, in zwei Hälften teilen und den Keimstreifen entfernen. Tomaten waschen und in Stücke schneiden. Chili waschen und entkernen.

2 Den Koriander waschen und die Blätter zusammen mit Zwiebel, Knoblauch, Tomaten, Chili, Essig und 100 ml Wasser in einen Mixer geben. Mit Salz und Pfeffer würzen. Mixen, bis eine gleichmäßige, cremige Salsa entsteht.

Tipp

Diese Salsa ist eine ideale Beilage zu gebratenem oder gegrilltem Gemüse oder auch zu herzhaften Crêpes (Seite 31). Sie kann 24 Stunden im Kühlschrank aufbewahrt werden.

Ivorische Vinaigrette

Tomatensauce (von meiner Mutter)

TOMATENSAUCE

(von meiner Mutter)

FÜR 1 SCHÜSSEL • ZUBEREITUNG: 15 MINUTEN • KOCHZEIT: 30 MINUTEN

2 große Zwiebeln (ca. 300 g)
4 Knoblauchzehen
5 Tomaten
1 rote Chilischote
(Habanero oder milder)
4 EL Olivenöl
1 TL Tomatenmark
2 TL Gemüsebrühe
Pfeffer

1 Die Zwiebeln und den geschälten Knoblauch grob würfeln. Tomaten und Chili waschen und in Stücke schneiden. Zwiebeln, Knoblauch, Tomaten und Chili pürieren, bis eine homogene Sauce entsteht.

2 Das Olivenöl in einem Topf erhitzen, das pürierte Gemüse und das Tomatenmark hinzugeben. Die Gemüsebrühe darüberstreuen, mit Pfeffer würzen und ca. 1 Minute lang umrühren. Bei schwacher Hitze 30 Minuten köcheln lassen, ab und zu umrühren.

Kleine Notiz am Rande …

An der Elfenbeinküste hat fast jede Familie ihr eigenes Rezept für Tomatensauce. Dieses Grundrezept passt zu sehr vielen Gerichten wie Alloco, Attiéké, Yamswurzel, Süßkartoffeln oder weißem Reis.

NOKOSS VERT

(Grüne Sauce aus dem Senegal)

FÜR 1 SCHÜSSEL • ZUBEREITUNG: 15 MINUTEN • OHNE KOCHEN

4 Frühlingszwiebeln
6 Knoblauchzehen
1 grüne Chilischote
1 grüne Paprikaschote
1 Stück Ingwer (ca. 6 g)
1 Bund Petersilie
10 Minzeblätter
2 EL Olivenöl
2 TL Gemüsebrühe
Pfeffer

1 Die Frühlingszwiebeln waschen und hacken (Zwiebel und Grün). Den Knoblauch schälen und grob schneiden. Chili und Paprika waschen, entkernen und in Stücke schneiden. Den Ingwer schälen und klein schneiden.

2 Alles in einen Mixer geben und 30 Sekunden lang durchmixen. Dann Petersilie, Minzeblätter, Olivenöl und Gemüsebrühe dazugeben, pfeffern und erneut ca. 1 Minute mixen. Bei Bedarf mehr Öl hinzufügen – die Paste sollte cremig sein.

Tipp

Diese Sauce eignet sich hervorragend als Marinade oder wird zu gebratenem oder gegrilltem Gemüse serviert. Sie kann 24 Stunden im Kühlschrank aufbewahrt werden.

MANGO-CHILI-SAUCE

FÜR 1 SCHÜSSEL • ZUBEREITUNG: 15 MINUTEN • KOCHZEIT: 25 MINUTEN

1 Zwiebel
1 gelbe Paprikaschote
1 rote Chilischote (Peperoni)
500 g reifes Mangofruchtfleisch
2 EL Olivenöl
1 TL frischer Ingwer, gehackt
1 EL gelbes Currypulver
1 TL Kurkuma
1 TL Paprikapulver
1 EL Zucker
Saft von ½ Orange
1 EL Apfelessig
Salz, Pfeffer

1 Die Zwiebel würfeln. Die Paprika waschen und in Stücke schneiden. Die Chili waschen, entkernen und auch in Stücke schneiden. Alles mit dem Mangofruchtfleisch vermixen und beiseitestellen.

2 Das Öl in einem Topf bei mittlerer Temperatur erhitzen. Das Mangopüree und den gehackten Ingwer in den Topf geben und 5 Minuten unter regelmäßigem Rühren köcheln lassen. Curry, Kurkuma, Paprika, Zucker, eine Prise Salz und Pfeffer hinzufügen und gut umrühren. Orangensaft und Apfelessig zugießen, erneut umrühren und bei schwacher Hitze weitere 20 Minuten köcheln lassen. Den Herd ausschalten und die Sauce vor dem Verzehr abkühlen lassen.

Tipp

Diese Sauce passt hervorragend zu gebratenem oder gegrilltem Gemüse und zu Burgern. Sie kann im Kühlschrank 1 Woche aufbewahrt werden.

PILI-PILI-SAUCE

FÜR 1 SCHÜSSEL • ZUBEREITUNG: 10 MINUTEN • KOCHZEIT: 20 MINUTEN

3 Tomaten
10 Pili-Pili-Schoten (oder andere Chilis)
1 rote Zwiebel
4 Knoblauchzehen
2 EL frische Petersilie, gehackt
2 TL Gemüsebrühe
150 ml Pflanzenöl
Salz

1 Tomaten und Chilis waschen und klein schneiden. Zwiebel und Knoblauchzehen schälen und klein hacken. Tomaten, Chilis, Zwiebeln, Knoblauch, Petersilie und Gemüsebrühe zusammen mit dem Öl mixen, bis eine homogene Paste entsteht.

2 Alles in einen Topf geben und unter Rühren zum Kochen bringen. Für 20 Minuten bei schwacher Hitze köcheln lassen und dabei häufig umrühren. Nach Belieben Salz hinzufügen. Vom Herd nehmen und abkühlen lassen.

Kleine Notiz am Rande …

Diese Sauce ist für viele Gerichte geeignet. Pili Pili (auch Piri Piri oder Peri Peri genannt) sind kleine Chilischoten, die über portugiesische Händler aus Südamerika in die afrikanischen Kolonien kamen. Sie sind aus den Küchen von beispielsweise Mosambik, Südafrika oder Uganda nicht mehr wegzudenken.

Mango-Chili-Sauce

CHAPATI

(Ostafrikanisches Fladenbrot)

FÜR 8 STÜCK

375 g Weizenmehl
(plus mehr zum Kneten)
1 TL Salz
3 EL Pflanzenöl
(plus mehr zum Braten)

1 Mehl, Salz und Öl in einer großen Schüssel gut vermischen. 300 ml lauwarmes Wasser nach und nach zugeben, bis ein weicher, klebriger Teig entsteht.

2 Den Teig auf eine saubere bemehlte Fläche legen. Für ca. 10–15 Minuten kneten, bis der Teig glatt und elastisch ist. Anschließend den Teig zurück in die Schüssel legen, mit einem Tuch abdecken und an einem warmen Ort für 20–30 Minuten ruhen lassen.

3 Nach der Ruhezeit den Teig auf eine leicht bemehlte Fläche legen, dann in 8 gleich große Portionen teilen und zu Kugeln formen. Die Teigkugeln mit einem Nudelholz zu einem runden Fladen ausrollen, beiseitestellen.

4 Eine beschichtete Pfanne erhitzen. Den ersten Fladen in die heiße Pfanne legen und backen. Nach einigen Sekunden Backen das Chapati hauchdünn mit Pflanzenöl bestreichen. Wenn sich an der Oberfläche Blasen bilden, wenden und die andere Seite ebenfalls mit Öl bestreichen.

5 Noch ein- bis zweimal wenden, bis der Fladen goldbraun ist. Heiß oder lauwarm genießen.

Kleine Notiz am Rande ...

Chapati ist ein ungesäuertes Brot, das ursprünglich aus Indien kommt. In vielen ostafrikanischen Ländern wie Burundi, Uganda, Mosambik oder Kenia wird es zu fast allen Gerichten gereicht, egal ob süß oder herzhaft.

Zubereitung: **20 Minuten** Ruhezeit: **30 Minuten** Backzeit: **20 Minuten**

Zubereitung: **20 Minuten** Ruhezeit: **6 Stunden 30 Minuten** Backzeit: **15 Minuten**

PAIN SUCRÉ

(Süßes Brot)

FÜR 10 BRÖTCHEN

1 TL Trockenhefe
250 g Weizenmehl
60 g Zucker
½ Vanilleschote
1½ TL Salz
3 EL Pflanzenöl

1 Die Hefe in 125 ml lauwarmem Wasser auflösen. Mehl, Zucker, Vanillemark und die Wasser-Hefe-Mischung in eine Schüssel geben.

2 Den Teig 5 Minuten lang in der Küchenmaschine oder mit dem Handrührgerät kneten, dann das Salz dazugeben. 1 EL Öl hinzufügen und wieder kneten, bis der Teig das Öl vollständig aufgenommen hat. Wiederholen, bis die 3 EL Öl eingearbeitet sind. Weiter kneten, bis der Teig glatt und elastisch ist.

3 Aus dem Teig eine Kugel formen, in eine große Schüssel legen, diese mit einer Frischhaltefolie überziehen. Den Teig etwa 2 Stunden an einem warmen Ort ruhen lassen. Er wird fast auf das Doppelte aufgehen.

4 Anschließend den Teig aus der Schüssel nehmen, wieder zu einer Kugel formen, zurück in die Schüssel legen, diese erneut mit Frischhaltefolie überziehen. Für weitere 3 Stunden in den Kühlschrank stellen.

5 Nach der Ruhezeit den Teig in zehn Portionen zu jeweils ungefähr 45 g teilen. Jede Portion zu einer kompakten Kugel rollen und auf ein mit Backpapier ausgelegtes Backblech legen. Noch einmal für 1,5 Stunden ruhen lassen.

6 Den Backofen auf 180 °C vorheizen. Die Pains Sucrés ca. 15 Minuten backen, bis sie goldbraun sind.

Kleine Notiz am Rande …

Pain Sucré ist ein weiches Brot, das Einwanderer aus Ghana an die Elfenbeinküste gebracht haben. In meiner Kindheit war das Pain Sucré für mich ein Snack zwischendurch oder ein tolles Frühstück. Es wird mit der Hafenstadt Bassam im Süden der Elfenbeinküste in Verbindung gebracht, die während der Kolonialzeit Hauptstadt war. Zu den in Bassam lebenden Ethnien gehören die Nzema, Teil der Akan-Völker. Mein Vater ist ein Nzema. Seit Jahrhunderten sind Ghana und die Elfenbeinküste die Heimat der Akan, deshalb haben die beiden Länder viele kulinarische Gemeinsamkeiten.

INJERA

(Äthiopisches Fladenbrot)

FÜR 14 STÜCK

ZUBEREITUNG: 10 MINUTEN • BACKZEIT: 20 MINUTEN • RUHEZEIT: 24 STUNDEN

600 g Teffmehl, alternativ sehr feines Hirsemehl
1 EL Trockenhefe
1 Prise Natron

1 Die Hefe in einer Schüssel mit 60 ml lauwarmem Wasser auflösen. Anschließend noch etwa 1,4 l lauwarmes Wasser und das Mehl hinzugeben, alles gut verrühren.

2 Die Schüssel mit einem sauberen, trockenen Tuch abdecken und den Teig für mindestens 24 Stunden bei Raumtemperatur gehen lassen.

3 Nach 24 Stunden eine Prise Natron hinzufügen und gut untermischen.

4 Eine beschichtete Pfanne erhitzen. Wenn die Pfanne heiß ist, eine Schöpfkelle Teig hineingeben und schnell auf dem Pfannenboden verstreichen, sodass der Teig den Boden vollständig bedeckt.

5 Für etwa 1 Minute backen, bis auf der Oberfläche kleine Bläschen entstehen. Die Injeras werden nicht gewendet. Nach dem Backen einfach auf einen Teller schieben. Ein Fladenbrot nach dem anderen backen, bis der Teig aufgebraucht ist.

Kleine Notiz am Rande …

Injeras sind ganz typisch für die äthiopische und eritreische Küche. Sie werden auf einen Teller gelegt, dann kommen die unterschiedlichsten Gerichte und Saucen darauf. Dann reißt man den Teig in kleine Stücke, die man zusammen mit den Speisen isst.

PAIN DE COCO

(Kokosbrötchen)

FÜR 4 STÜCK

ZUBEREITUNG: 15 MINUTEN • BACKZEIT: 25 MINUTEN • RUHEZEIT: 30 MINUTEN

250 ml Kokosmilch
1 Päckchen Trockenhefe
2 EL Zucker
2 EL Kokosblütenzucker
1 TL Salz
60 ml Kokosöl, geschmolzen
480 g Weizenmehl (plus mehr für die Arbeitsfläche)
50 g Kokosraspel
1 TL Muskatnuss, gerieben

1 Die Kokosmilch in einem Topf erhitzen, bis sie lauwarm ist. In eine Schüssel gießen und die Hefe hineinrühren. Gut vermischen.

2 Etwa 1 Minute stehen lassen, dann Zucker, Salz und Kokosöl hinzugeben. Gut umrühren, damit sich der Zucker auflöst. Mehl, Kokosraspel und Muskat hinzugeben. Den Teig mit den Händen mischen, bis ein weicher Klumpen entsteht.

3 Auf eine bemehlte Fläche legen, 5 Minuten weiterkneten. Den Teig in eine Schüssel geben und mit einem sauberen Tuch bedecken. Etwa 20 Minuten ruhen lassen.

4 Den Teig in vier gleich große Stücke teilen. Jedes ausrollen und zu einem etwa 5 cm dicken runden Brötchen formen.

5 Die Brötchen mithilfe eines Messers oder einer Gabel verzieren und erneut etwa 10 Minuten ruhen lassen. Anschließend auf ein leicht gefettetes Backblech legen.

6 Den Backofen auf 190 °C vorheizen und die Brötchen etwa 25 Minuten backen, bis sie leicht gebräunt sind. Lauwarm genießen.

Kleine Notiz am Rande ...

Meine Liebe zum Pain Sucré habe ich Ihnen ja schon gestanden. Nun muss ich noch etwas zugeben: Sehr oft kommt es vor, dass ich das Pain Sucré mit dem Pain de Coco betrüge. Ich liebe seinen zarten Kokosduft, die goldbraune Farbe und den wohligen Geschmack. Die Brötchen können für sich genossen oder als Basis für Desserts verwendet werden – etwa French Toast oder Tartine au Sucre. Wenn Sie die Kombination aus Süßem und Salzigem mögen, können Sie Kokosbrötchen auch pikant belegen.

Zubereitung: **10 Minuten** Ruhezeit: **1 Stunde** Backzeit: **10 Minuten**

HERZHAFTE CRÊPES AUS MAURITIUS

FÜR 5 STÜCK

200 g Weizenmehl
1 TL Salz
½ TL Kurkuma
2 EL frischer Schnittlauch, gehackt
1 EL Pflanzenöl (plus mehr zum Braten)

1 In einer großen Schüssel Mehl, Salz, Kurkuma, Schnittlauch und Pflanzenöl vermischen. Nach und nach 400 ml lauwarmes Wasser hinzugeben und alles mit einem Schneebesen kräftig verrühren, bis keine Klumpen mehr vorhanden sind.

2 Wenn der Teig glatt ist, in den Kühlschrank stellen und mindestens 1 Stunde ruhen lassen, dadurch wird er etwas dicker.

3 In einer beschichteten Pfanne etwas Pflanzenöl erhitzen. Eine Schöpfkelle Teig in die Mitte der Pfanne geben und die Pfanne schwenken, um den Teig gleichmäßig zu verteilen. Etwa 1 Minute backen, dann die Crêpe vom Rand her lösen und vorsichtig wenden, damit sie nicht einreißt.

4 Auf der zweiten Seite wieder für 1 Minute backen, herausnehmen und auf einem flachen Teller beiseitestellen. Zum Warmhalten mit einem Deckel oder Teller abdecken.

5 Wiederholen, bis der ganze Teig aufgebraucht ist. Warm genießen!

Kleine Notiz am Rande ...

Diese herzhaften Crêpes sind einfach köstlich und ganz leicht zuzubereiten. Man sagt, sie stammen aus der Küche der Indomauritier, das sind diejenigen Einwohner von Mauritius, die aus Indien zugewandert sind und heute etwa zwei Drittel der Gesamtbevölkerung ausmachen. Für viele Mauritier sind sie in Zeiten von Wirbelstürmen wie die berühmte Proust-Madeleine: eine tröstliche Erinnerung. Wie auf Mauritius sollten Sie Ihre herzhaften Crêpes sofort genießen und dazu Satini Cotomili (Seite 18) servieren.

SNACKS

KNUSPRIGE KICHERERBSEN

FÜR 4 PERSONEN

1 Dose Kichererbsen (400 g)
2 EL Olivenöl
1 EL Currypulver
1 EL Paprikapulver
1 Prise Zucker
1 Prise Salz

1 Den Backofen auf 180 °C vorheizen.

2 Die Kichererbsen abspülen und gründlich abtropfen lassen. Mit Küchenpapier abtupfen, um überschüssiges Wasser zu entfernen.

3 Die Kichererbsen mit Olivenöl, Gewürzen, Zucker und Salz vermischen. Auf ein mit Backpapier ausgelegtes Blech verteilen. 20 Minuten backen.

4 Nach dem Abkühlen genießen.

Kleine Notiz am Rande ...

Das Rezept für knusprige Kichererbsen ist von meinen Reisen nach Marokko inspiriert, wo diese Hülsenfrucht ein Grundnahrungsmittel ist. Kreuzkümmel, Ras el-Hanout, Paprika, Curry, Chili ... Experimentieren Sie mit den Gewürzen, um Ihre eigene Note zu finden. Die Kichererbsen können Sie als Snack, als Topping auf einem Salat oder in Ihren Bowls verwenden. Seien Sie kreativ!

Zubereitung: **5 Minuten** Backzeit: **20 Minuten**

Zubereitung: **10 Minuten**

Backzeit: **30 Minuten**

HUMMUS AUS GEBRATENEN SÜSSKARTOFFELN

FÜR 4 PERSONEN

1 mittelgroße Süßkartoffel (ca. 200 g)
2 EL Olivenöl (plus mehr zum Beträufeln)
1 kleine Dose Kichererbsen (ca. 250 g)
2 EL Tahini (Sesammus)
Saft von 1 Limette
1 TL Knoblauchpulver
1 Prise geräuchertes Paprikapulver
Salz, Pfeffer

1 Den Backofen auf 180 °C vorheizen.

2 Die Süßkartoffel waschen, schälen und in längliche Stücke schneiden.

3 Auf ein mit Backpapier ausgelegtes Blech legen. Mit Olivenöl beträufeln, salzen, pfeffern und für ca. 30 Minuten im Ofen backen.

4 In einem Mixer die abgekühlten gebratenen Süßkartoffeln mit den abgetropften Kichererbsen (Kichererbsenwasser auffangen), Tahini, Limettensaft, Knoblauch und Paprika zu einer cremigen Masse pürieren. Nach und nach etwa 100 ml Kichererbsenwasser hinzufügen, bis die gewünschte Konsistenz erreicht ist.

5 Abschmecken und nach Belieben nachwürzen. Vor dem Servieren mit etwas Olivenöl beträufeln.

Kleine Notiz am Rande ...

In diesem Rezept begegnen sich der Orient und Schwarzafrika. Ich liebe diese Mischung aus verschiedenen Aromen. Bei meinen Gästen findet dieser Hummus immer großen Anklang!

HUMMUS MIT ERDNÜSSEN

FÜR 4 PERSONEN

1 Dose Kichererbsen (400 g)
30 g Erdnussbutter
Saft von 1 Limette
1 TL Knoblauchpulver
1 Prise mildes Chilipulver (Piment d'Espelette)
1 Handvoll Erdnusskerne (plus mehr zum Servieren)
1 Schuss Olivenöl
Salz, Pfeffer

1 In einem Mixer die abgetropften Kichererbsen (Kichererbsenwasser auffangen), Erdnussbutter, Limettensaft, Knoblauch und Chili mixen, bis eine cremige Masse entsteht.

2 Nach und nach etwa 100 ml Kichererbsenwasser hinzufügen, bis die gewünschte Konsistenz erreicht ist.

3 Die Erdnüsse in einer heißen Pfanne kurz anrösten. Die gerösteten Erdnüsse zur Hummusmasse hinzugeben und kurz untermixen, um dem Hummus eine Textur zu verleihen.

4 Abschmecken und nach Belieben nachwürzen. Vor dem Servieren mit etwas Olivenöl beträufeln und mit grob gehackten gerösteten Erdnüssen bestreuen.

Kleine Notiz am Rande …

Genau wie der Süßkartoffelhummus ist dieses schnelle und köstliche Rezept eine wunderbare Möglichkeit, beim Snacken oder unter den Vorspeisen für Abwechslung zu sorgen. Sie können den Hummus auch in Bowls, Sandwiches und Salaten verwenden, um ihnen eine besondere Geschmacksnote zu verleihen.

Zubereitung: **10 Minuten**

Röstzeit: **5 Minuten**

MAIS-GALETTES

FÜR 4 STÜCK

ZUBEREITUNG: 15 MINUTEN • BACKZEIT: 4 MINUTEN PRO STÜCK

40 g Weizenmehl
40 g feines Maismehl
½ TL Backpulver
1 TL Paprikapulver
1 TL Knoblauchpulver
2 Zweige Petersilie
1 Dose Zuckermais (400 g)
3 EL Mandelmilch
½ milde Chilischote
1 EL Pflanzenöl
Salz, Pfeffer

1 Beide Sorten Mehl, Backpulver, Paprika, Knoblauch und gehackte Petersilie in einer großen Schüssel vermischen.

2 Vom Zuckermais 300 g mit der Mandelmilch pürieren. Nach Geschmack mit Salz und Pfeffer würzen. Mixen, bis eine cremige Masse entsteht, und diese dann in die Mehlmischung einrühren.

3 Den restlichen Mais und die in kleine Stücke geschnittene Chili hinzufügen und alles vorsichtig vermischen.

4 Das Öl in einer Pfanne bei mittlerer Temperatur erhitzen. Einen großen Löffel Teig in die Mitte der Pfanne geben. Gleichmäßig verteilen und auf jeder Seite etwa 2 Minuten braten, bis der Fladen goldbraun ist. Auf Küchenpapier abtropfen lassen.

5 Mit dem Rest des Teigs ebenso verfahren. Lauwarm genießen.

Kleine Notiz am Rande ...

Galettes, Pfannkuchen, Crêpes, Fladenbrote – die gebratenen oder gebackenen Teigfladen sind in der afrikanischen Küche weit verbreitet, insbesondere als Streetfood. Sie sind praktisch, günstig und machen satt. Sie werden oft unterwegs gegessen, zusammen mit Saucen und Chutneys. Dieses Rezept für Mais-Galettes ist meine Neuinterpretation. Sie passen hervorragend zu Suppe oder gebratenem Gemüse. Man kann sie auch sehr gut als Vorspeise reichen.

KIDNEYBOHNENPUFFER

FÜR 4 STÜCK

ZUBEREITUNG: 10 MINUTEN • BACKZEIT: 8 MINUTEN PRO STÜCK

1 Dose Kidneybohnen (500 g)
1 Schalotte
3 EL Maisstärke
1 TL Senf
6 EL Semmelbrösel
1 TL frische Petersilie, gehackt
1 TL Knoblauchpulver
1 Prise geräuchertes Paprikapulver
1 Prise Kreuzkümmel
4 EL Olivenöl
Salz, Pfeffer

1 Die Kidneybohnen abspülen und abtropfen lassen. Die Schalotte schälen und fein hacken.

2 Die abgetropften Kidneybohnen in eine Schüssel geben und grob zerdrücken. 250 ml Wasser hinzufügen und umrühren.

3 Maisstärke, Senf, Semmelbrösel, Schalotte, Petersilie, Knoblauch und Gewürze dazugeben. Nach Geschmack mit Salz und Pfeffer würzen.

4 Aus der Masse in der hohlen Hand kleine Kugeln formen und anschließend flach drücken.

5 Das Olivenöl in einer Pfanne erhitzen. Wenn das Öl heiß ist, je eine Portion hineingeben und von jeder Seite etwa 4 Minuten goldbraun backen.

Kleine Notiz am Rande …

Die Kidneybohnenpuffer sind nicht nur reich an Proteinen, sie sind auch ein reiches Geschmackserlebnis. Sie eignen sich hervorragend, um Ihren Burgern eine afrikanische Note zu verleihen. Formen Sie sie auf verschiedene Arten: in Pattyform oder als Knödel, flach wie ein Pfannkuchen oder als Rolle. Sie haben die Wahl!

Zubereitung: **15 Minuten**

Backzeit: **1 Stunde 25 Minuten**

SÜSSKARTOFFEL-INGWER-KUCHEN

FÜR 4 PERSONEN

3 mittelgroße Süßkartoffeln (600 g)
1 TL geriebener Ingwer (oder Ingwerpulver)
140 g Reismehl
60 g Kokosblütenzucker (oder brauner Zucker)
40 g gemahlene Mandeln
150 ml pflanzliche Milch (Haselnuss oder Mandel)
1 EL Zitronensaft
1 EL Kokosöl
½ TL Muskatnuss, gerieben
1 TL Backpulver
1 Prise Salz

1 Die Süßkartoffeln waschen und schälen und in große Stücke schneiden. Auf ein mit Backpapier ausgelegtes Backblech legen und für 35 Minuten im Ofen backen, bis sie innen weich sind.

2 Die Süßkartoffeln abkühlen lassen, in eine Schüssel geben und pürieren. Den Backofen auf 180 °C vorheizen.

3 Die übrigen Zutaten hinzufügen. Alles gut durchmischen. Anschließend den Teig in eine Kastenform füllen.

4 Für 50 Minuten in den Backofen schieben. Den Kuchen vor dem Herausnehmen aus der Form abkühlen lassen.

Tipp

Damit sich der Kuchen leicht aus der Form lösen lässt, die Form mit Kokosöl ausstreichen und mit etwas Mehl bestreuen.

Kleine Notiz am Rande …

Dieses Rezept ist sehr vielseitig. Der Kuchen kann mit einem Chutney oder einer Sauce als Snack oder Vorspeise oder sogar als Nachtisch mit Marmelade oder einer Kugel Eis gereicht werden.

KOCHBANANEN-BEIGNETS

FÜR 4 PERSONEN

4 reife Kochbananen
3 EL Weizenmehl
1 Schalotte
1 Knoblauchzehe
1 Prise scharfes Chilipulver
1 TL Ingwer, frisch gerieben
Salz, Pfeffer
Öl zum Frittieren

1 Die Bananen schälen und in mittelgroße Stücke schneiden. Anschließend mit einem Mörser grob zerdrücken und zusammen mit dem Mehl in eine Schüssel geben.

2 Schalotte und Knoblauch schälen und fein hacken. Mit Chili, Ingwer, Salz und Pfeffer zu den Bananen geben und alles gut durchmischen.

3 Die Teigmasse etwa 20 Minuten ruhen lassen.

4 In einer Pfanne ausreichend Öl erhitzen. Den Teig mit einem kleinen Löffel portionsweise hineingeben und etwa 4 Minuten goldbraun backen. Heiß oder lauwarm genießen.

Kleine Notiz am Rande …

Diese Beignets werden in der Elfenbeinküste auch »Claclo« oder »Clacro« genannt. Ursprünglich waren sie eine Form der Resteverwertung für überreife Kochbananen. Ein paar Gewürze, etwas Mehl und Pflanzenöl reichen aus, um Lebensmittel, die ansonsten zum Wegwerfen bestimmt sind, in eine Köstlichkeit zu verwandeln. Meine Schwester liebt diese kleinen Beignets. Sie fügt dem Teig manchmal eine Handvoll ungekochten Reis hinzu. Das Ergebnis: fluffige Beignets, die zugleich knusprig sind. Reichen Sie dazu die Velouté aus gegrillten Tomaten von Seite 76.

Zubereitung: **10 Minuten** Ruhezeit: **20 Minuten** Backzeit: **4 Minuten pro Stück**

Zubereitung: **2 Minuten**

Ploppzeit: **5 Minuten**

WÜRZIGES POPCORN

FÜR 4 PERSONEN

200 g Popcorn-Mais
3 EL Erdnussöl
(oder Sonnenblumenöl)
1 EL Ras el-Hanout
Salz

1 Den Popcorn-Mais mit dem Öl vermischen. In einen Topf bei mittlerer Hitze geben und den Deckel auflegen.

2 Wenn die Maiskörner zu platzen beginnen, den Topf mit geschlossenem Deckel rasch hin und her bewegen. Die Hitze abdrehen, wenn kein Ploppen mehr zu hören ist.

3 Das fertige Popcorn mit Ras el-Hanout und Salz bestreuen und warm genießen.

Kleine Notiz am Rande …

Manchmal sage ich spaßeshalber, dass Popcorn mein Lieblingsgericht ist. Deshalb war klar, dass ich auch ein Popcorn-Rezept in dieses Buch aufnehme. In der Elfenbeinküste wird es »bon maïs« (guter Mais) genannt und von Straßenverkäufern in Papiertüten oder Plastikbeuteln verkauft. Es wird nicht nur im Kino, sondern überall und zu jeder Tageszeit gegessen. Auch bei Feiern wird es gerne an die Gäste verteilt.

ALLOCO

FÜR 4 PERSONEN

4 reife Kochbananen
Salz
Öl zum Frittieren

1 Die Bananen schälen und in Scheiben schneiden (schräg länglich oder rund). Mit Salz bestreuen und das Salz gleichmäßig verteilen.

2 Das Öl in einem Schmortopf oder einer Fritteuse erhitzen. Die Bananen im heißen Öl etwa 5 Minuten frittieren, bis sie eine schöne goldbraune Farbe haben.

3 Die frittierten Bananen auf Küchenpapier legen, um das überschüssige Öl aufzusaugen. Nach Belieben mit etwas Salz bestreuen und heiß genießen.

Kleine Notiz am Rande ...

Da es in Schwarzafrika so weit verbreitet und beliebt ist, kann man den Ursprung dieses Snacks nicht genau ausmachen. Die Kochbanane, ob frittiert, gekocht, zerdrückt, süß oder salzig, ist ein Grundnahrungsmittel in vielen afrikanischen Küchen. Der Name »Alloco« ist ivorisch, im Kongo sagt man dazu »Makemba«, in Togo »Amanda« und in Nigeria »Dodos«. Alloco hat Suchtpotenzial, und für viele vergeht kaum ein Tag ohne eine Portion dampfendes Alloco. Sie können eine pikante Tomatensauce dazu reichen. Für eine Zubereitung »light« braten Sie die Bananen in einer Pfanne oder im Ofen mit einem Schuss Öl.

Zubereitung: **5 Minuten**

Frittierzeit: **5 Minuten**

Zubereitung: **10 Minuten**

Backzeit: **20 Minuten**

KOCHBANANENCHIPS MIT PAPRIKA

FÜR 4 PERSONEN

2 grüne Kochbananen
Pflanzenöl, am besten als Backspray
1 TL Paprikapulver
3 Prisen Salz

1 Den Backofen auf 200 °C vorheizen.

2 Die Bananen schälen und mit einem scharfen Messer oder einer Gemüsereibe in sehr dünne Scheiben schneiden. Ein Backblech einfetten.

3 Die Bananenscheiben auf dem gefetteten Blech nebeneinander legen. Mit dem Öl besprühen und mit Salz und Paprika betreuen.

4 Im Ofen für etwa 10 Minuten goldbraun backen. Dann die Kochbananenscheiben wenden und weitere 10 Minuten bräunen.

5 Die Kochbananenchips lauwarm oder kalt genießen.

Tipp

Noch knuspriger werden die Chips, wenn Sie sie in der Fritteuse zubereiten. Diese Variante geht natürlich auch schneller.

Kleine Notiz am Rande ...

Kochbananen enthalten mehr Stärke und sind fester als normale Bananen. Sie können grün oder reif verwendet werden. In Westafrika sieht man oft Frauen, die diese Chips in großen Pfannen mit heißem Öl am Straßenrand zubereiten.

SÜSSKARTOFFEL-POMMES-FRITES

FÜR 4 PERSONEN

2 mittelgroße Süßkartoffeln (400 g)
2 EL Kokosöl
2 EL Hefeflocken
1 TL geräuchertes Paprikapulver
1 TL Knoblauchpulver
Salz

1 Den Backofen auf 180 °C vorheizen.

2 Die Süßkartoffeln in ca. 1 cm dicke Stifte schneiden (entweder gut gewaschen mit Schale oder geschält). In eine Schüssel geben und nacheinander Öl, Hefeflocken, Paprika- und Knoblauchpulver hinzufügen. Gut mischen, bis die Gewürze gleichmäßig verteilt sind.

3 Die Pommes frites auf ein Blech mit Backpapier legen. Für 30–40 Minuten in den Backofen geben. Aus dem Ofen nehmen und die fertigen Pommes frites mit Salz bestreuen.

Kleine Notiz am Rande …

Im Dorf meiner Mutter unweit von Bouaflé in der Elfenbeinküste wird dieses Rezept mit weißen, leicht rosafarbenen Süßkartoffeln zubereitet, die vor Ort angebaut werden. Die Süßkartoffeln werden in dicke Stücke geschnitten, in Frittieröl gebraten und anschließend leicht gesalzen. Das ist alles. Einfach und unglaublich lecker. Als Erinnerung daran wollte ich diese knusprige und würzige Version vorstellen.

Zubereitung: **5 Minuten**

Backzeit: **30–40 Minuten**

VOR-
SPEISEN

Zubereitung: **15 Minuten** Einweichzeit : **20 Minuten** Koch- und Backzeit: **50 Minuten**

GEBRATENE AUBERGINEN MIT TAMARINDENPASTE

FÜR 4 PERSONEN

50 g Tamarindenpaste
2 große Auberginen (750 g)
100 ml Olivenöl
4 EL Kokosblütenzucker
1 TL Sojasauce
Salz, Pfeffer

1 Den Backofen auf 220 °C vorheizen.

2 Die Tamarindenpaste für 20 Minuten in 150 ml heißem Wasser einweichen, anschließend zerstampfen und gut durchmischen, bis sie sich vollständig aufgelöst hat. Durch ein feines Sieb filtern und den Tamarindensaft beiseitestellen. (Wer wenig Zeit hat, lässt diesen Schritt weg und fügt später zusammen mit der Paste etwas Wasser hinzu.)

3 Die Auberginen waschen und der Länge nach halbieren. Das Fruchtfleisch rautenförmig einritzen, ohne dabei die Haut zu beschädigen. Mit Olivenöl beträufeln und großzügig mit Pfeffer und Salz bestreuen. Die Auberginenhälften auf ein Backblech legen und 30 Minuten im Backofen braten.

4 Inzwischen Tamarindensaft, Kokosblütenzucker und Sojasauce in einen kleinen Topf geben und alles gut vermischen. Unter vorsichtigem Rühren zum Kochen bringen und 5 Minuten bei schwacher Hitze köcheln lassen.

5 Nach 30 Minuten die Auberginen aus dem Backofen nehmen und mit der eingekochten Sauce bestreichen, dann für weitere 30 Minuten in den Backofen geben, bis das Fruchtfleisch zart und goldbraun ist.

Tipp

Um zu verhindern, dass die Auberginen austrocknen, einfach ein hitzefestes, nicht zu großes Gefäß (Tasse oder Schale) mit Wasser unten in den Backofen stellen, so entsteht ein wenig Wasserdampf.

Kleine Notiz am Rande ...

Eine senegalesische Spezialität ist das Tiep (kurz für Thieboudienne): ein aufwendig zubereitetes Gericht mit Fisch, Reis und Gemüse. Das Gemüse hat mich zu diesem Rezept für herrlich zart schmelzende Auberginen inspiriert. Man kann die Auberginen als Vorspeise genießen oder mit Duftreis oder Grieß als Hauptgericht essen.

SÜSSKARTOFFELSALAT MIT JUNGEN SPROSSEN

FÜR 4 PERSONEN

2 mittelgroße Süßkartoffeln (400 g)
2 EL Sesamöl
2 TL Knoblauchpulver
1 TL Paprikapulver
1 TL Kräuter der Provence
1 Handvoll Cashewkerne
Saft von 1 Zitrone
1 EL Granatapfelsirup
½ rote Zwiebel
1 Handvoll verschiedene frische Sprossen
Salz, Pfeffer

1 Den Backofen auf 180 °C vorheizen. Die Süßkartoffeln gründlich waschen und ungeschält in Würfel schneiden.

2 In einer Schüssel 1 EL Sesamöl, 1 TL Knoblauchpulver, Paprikapulver, Kräuter der Provence, Salz und Pfeffer verrühren. Die Süßkartoffelwürfel hinzufügen und gut vermischen.

3 Auf ein mit Backpapier ausgelegtes Backblech verteilen und für etwa 35 Minuten in den Ofen geben. Herausnehmen und abkühlen lassen.

4 Eine Pfanne erhitzen und die Cashewkerne ohne Zugabe von Fett leicht anrösten.

5 Für die Vinaigrette Zitronensaft, Granatapfelsirup, die klein gehackte halbe Zwiebel, das übrige Sesamöl, das übrige Knoblauchpulver, Salz und Pfeffer verrühren.

6 Die Sprossen in einer Schüssel mit der Vinaigrette vermischen.

7 Vor dem Servieren die Sprossen auf dem Teller anrichten, die gebratenen Süßkartoffelwürfel dazugeben und mit den gerösteten Cashewkernen bestreuen.

Tipp

Dieses Rezept habe ich mir ausgedacht, als ich übrig gebliebene gebackene Süßkartoffeln verwerten wollte. Seitdem gehört es zu meinem Repertoire, ergänzt durch Reste, die ich in meinem Kühlschrank finde. Machen Sie es genauso! Sie können die Cashewkerne durch geröstete Erdnüsse oder die jungen Sprossen durch feine Salatblätter oder Babyspinat ersetzen!

Zubereitung: **10 Minuten**

Backzeit: **35 Minuten**

ROTKOHLSALAT MIT MANGO UND ERDNÜSSEN

FÜR 4 PERSONEN

1 kleiner Rotkohl
1 nicht zu reife Mango
1 Bund Koriander
1 Bund Minze
1 grüne Chilischote
1 Frühlingszwiebel
Saft von 1 Zitrone
2 EL Sesamöl
1 TL Knoblauchpulver
1 Handvoll geröstete Erdnüsse
Salz, Pfeffer

1 Die äußeren Blätter des Rotkohls abziehen und den Kohl waschen. Den Kopf halbieren und den Strunk herausschneiden. Den Kohl mit einer Gemüsereibe oder Küchenmaschine in feine Streifen hobeln.

2 Die Kohlstreifen für etwa 1 Minute in kochendem Wasser blanchieren. Herausnehmen und sofort mit kaltem Wasser abschrecken. Auf Küchenpapier legen und abtrocknen lassen.

3 Die Mango schälen und das Fruchtfleisch in schmale Streifen schneiden. Kräuter, grüne Chili und Frühlingszwiebel hacken. Alles mit dem Kohl in einer Schüssel vermengen und beiseitestellen.

4 Für die Vinaigrette Zitronensaft, Sesamöl, Knoblauchpulver, Salz und Pfeffer gut verrühren.

5 Die Vinaigrette über den Salat geben, die Erdnüsse hinzufügen und alles vor dem Servieren gut durchmischen.

Tipp

Der Salat lässt sich gut vorbereiten, man kann ihn vor dem Servieren für 1 Stunde in den Kühlschrank stellen.

Kleine Notiz am Rande …

In Westafrika ist es üblich, ein Essen mit einem großen Salatteller aus verschiedenen Rohkostsorten zu beginnen, vor allem bei Familienfeiern und Banketten. Mein Rotkohlsalat soll an diesen Brauch erinnern.

Zubereitung: **15 Minuten** Kochzeit: **1 Minute**

MANGOSALAT MIT AVOCADO UND RADIESCHEN

FÜR 4 PERSONEN

1 reife, aber noch feste Mango
1 Avocado
1 Bund Radieschen
1 Bund Minze
etwas Zitronensaft
etwas Sesamöl
Salz, Pfeffer

1 Das Fruchtfleisch der Mango und der Avocado in große Würfel schneiden. In einer Schüssel beiseitestellen.

2 Die Radieschen in dünne Scheiben, die Minzeblätter nach Belieben in Streifen schneiden oder ganz lassen. Vermengen und mit Zitronensaft beträufeln.

3 Das Sesamöl hinzufügen und mit Salz und Pfeffer würzen. Vorsichtig die Mango- und Avocadowürfel unterheben, damit die Avocado nicht zerdrückt wird.

Tipp

Der Salat kann zusätzlich mit einer Erdnusssauce abgerundet werden (Rezept auf Seite 70).

Kleine Notiz am Rande ...

Mango war die Lieblingsfrucht meiner Oma Bintou und dieses Rezept ist meine Hommage an sie. Ich erinnere mich daran, wie sie leidenschaftlich Mangos aß, die so klein waren, dass man sie als Ganzes in den Mund stecken konnte. Dieser sehr einfache Salat besticht durch eine feine und ausgewogene Süße. Er umhüllt wie eine Umarmung und überrascht gleichzeitig mit seiner Frische.

ORANGENSALAT MIT KICHERERBSEN UND KREUZKÜMMEL

FÜR 4 PERSONEN • ZUBEREITUNG: 15 MINUTEN • OHNE KOCHEN

3 Orangen
1 kleine Dose Kichererbsen (250 g)
1 rote Zwiebel
3 Zweige glatte Petersilie
Saft von 1 Zitrone
2 EL Olivenöl
1 TL Kreuzkümmel
1 TL Paprika edelsüß
Salz, Pfeffer

1 Die Orangen schälen, filetieren oder in dicke Scheiben schneiden und in eine Schüssel geben. Die Kichererbsen abspülen, abtropfen lassen und zu den Orangen hinzufügen. Die Zwiebel in feine Streifen schneiden und untermischen. Die Petersilie hacken und hinzufügen.

2 Für die Vinaigrette Zitronensaft, Olivenöl, Kreuzkümmel, Paprikapulver, Salz und Pfeffer verrühren. Den Salat zusammen mit der Vinaigrette servieren.

Kleine Notiz am Rande ...

Orangensalat ist ein marokkanisches Dessert, das ich sehr liebe. Frisch und dezent mit Orangenblüten oder Zimt verfeinert, serviere ich ihn oft im Sommer. Meine Version ist eine pikante Variante als Vorspeise, die aromatisch und leicht ist.

KACHUMBARI

(Salat aus Ostafrika)

FÜR 1 SCHÜSSEL • ZUBEREITUNG: 15 MINUTEN • OHNE KOCHEN

4 Tomaten
1 rote Paprika
1 Salatgurke
1 rote Zwiebel
2 Knoblauchzehen
½ Bund Koriander (oder Petersilie)
1 EL Olivenöl
Saft von 2 Limetten

1 Das Gemüse waschen. Tomaten, Paprika und Gurke entkernen, in Würfel schneiden und in eine Schüssel geben. Zwiebel und Knoblauch schälen, fein hacken und hinzufügen. Die Kräuter waschen, klein schneiden und untermischen.

2 Alles mit Zitronensaft und Olivenöl beträufeln. Salzen, pfeffern, vorsichtig vermengen und genießen!

FONIO-SALAT MIT PAPAYA

FÜR 4 PERSONEN

ZUBEREITUNG: 15 MINUTEN • KOCHZEIT: 25 MINUTEN

200 g Fonio, alternativ feine Hirse
2 Tomaten
1 feste Papaya (ca. 400 g)
½ rote Zwiebel (ca. 50 g)
Saft von 1 Zitrone
1 Prise Kreuzkümmel
2 EL Olivenöl
70 g geröstete Cashewkerne
50 g gehackte Minze
25 g glatte Petersilie

1. Den Fonio mit klarem Wasser abspülen und anschließend etwa 25 Minuten dämpfen. Nach der Hälfte der Garzeit mit einer Gabel durchrühren, damit er locker bleibt. Wenn der Fonio gar ist, in eine Schüssel geben und abkühlen lassen.

2. Die Tomaten waschen, entkernen, in kleine Würfel schneiden und zur Seite stellen.

3. Die Papaya schälen, der Länge nach halbieren, die Kerne mit einem Löffel herauslösen und das Fruchtfleisch in kleine Würfel schneiden. Zur Seite stellen. Die Zwiebel schälen und klein schneiden und ebenfalls zur Seite stellen.

4. Zitronensaft und Kreuzkümmel verrühren und nach Belieben mit Salz und Pfeffer abschmecken. Das Olivenöl langsam einrühren und dabei vorsichtig mit dem Schneebesen aufschlagen, um die Vinaigrette zu emulgieren.

5. Tomaten, Papaya und Zwiebeln vermischen, die gerösteten Cashewkerne und die Kräuter darüberstreuen. Mit der Vinaigrette beträufeln und vorsichtig mischen.

Tipp

Stellen Sie den Salat vor dem Servieren für 30 Minuten in den Kühlschrank, dann schmeckt er noch frischer.

Kleine Notiz am Rande ...

Für diesen Salat verwende ich ein Getreide, das in Westafrika sehr beliebt und im Westen noch wenig bekannt ist: Fonio. Er gehört zur Familie der Süßgräser ist glutenfrei und voller Vitamine und Mineralstoffe. Er liefert Ballaststoffe und ist eine hervorragende Quelle für pflanzliches Eiweiß. In meiner Jugend habe ich oft warmen Fonio statt Reis gegessen.

ROTKOHLSALAT MIT MANGO UND ROHEN OKRASCHOTEN

FÜR 4 PERSONEN

1 Rotkohl
1 nicht zu reife Mango
4 grüne Okraschoten
Saft von 1 Limette
2 EL Sesamöl
2 EL helle Sojasauce
1 TL Knoblauchpulver
Salz, Pfeffer

1 Die äußeren Blätter des Rotkohls abziehen und den Kohl waschen. Den Kopf halbieren und den Strunk herausschneiden. Den Kohl mit einer Gemüsereibe oder Küchenmaschine in feine Streifen hobeln.

2 Die Kohlstreifen für etwa 1 Minute in kochendem Wasser blanchieren. Herausnehmen und sofort mit kaltem Wasser abschrecken. Auf Küchenpapier legen und abtrocknen lassen.

3 Die Mango schälen und in schmale Streifen schneiden. Die Okraschoten in dünne Ringe schneiden.

4 Für die Vinaigrette Limettensaft, Sesamöl, Sojasauce und Knoblauchpulver verrühren. Salzen und pfeffern nach persönlicher Vorliebe.

5 Vor dem Servieren alles gut vermischen und für 1 Stunde kühl stellen.

Zubereitung: **15 Minuten** Ziehzeit: **1 Stunde** Kochzeit: **1 Minute**

Zubereitung: **10 Minuten** Ziehzeit: **1 Stunde** **ohne Kochen**

PIKANTER ANANASSALAT

FÜR 4 PERSONEN

500 g reifes Ananasfruchtfleisch
1 Salatgurke
1 rote Paprikaschote
1 Avocado
1 rote Zwiebel
1 grüne Chilischote
1 Bund frischer Koriander, gehackt
½ Bund frische Minze, gehackt

Für die Vinaigrette
2 EL Limettensaft
60 ml Olivenöl
2 EL Agavensirup
½ TL Paprikapulver edelsüß
Salz, Pfeffer

1 Als Erstes das Obst und Gemüse vorbereiten: Das Ananasfruchtfleisch in ca. 1 cm große Stücke schneiden. Gurke und Paprika halbieren, entkernen und in dünne Scheiben bzw. Streifen schneiden. Avocadofruchtfleisch, Zwiebel und Chili in kleine Würfel schneiden.

2 Für die Vinaigrette alle Zutaten in eine Schüssel geben und 2 Minuten lang kräftig verquirlen.

3 Die Ananasstücke und das geschnittene Gemüse in eine große Schüssel geben. Mit der Vinaigrette übergießen und mit den fein gehackten Kräutern bestreuen. Nach Belieben salzen und pfeffern, dann alles gut durchmischen.

4 Vor dem Servieren 1 Stunde im Kühlschrank durchziehen lassen.

Tipp

Beträufeln Sie die Avocado mit Zitronensaft, damit sie nicht braun wird.

Kleine Notiz am Rande ...

Dieser Salat ist von exquisiter Frische. Bei der Kreation habe ich mich von ostafrikanischen Salaten wie dem Kachumbari (Seite 64) inspirieren lassen. Mein kleines Plus: eine feine Komposition aus süß und pikant dank der Ananas.

GEBRATENER BLUMENKOHL MIT ERDNUSS-INGWER-SAUCE

FÜR 4 PERSONEN

ZUBEREITUNG: 10 MINUTEN • KOCHZEIT: 45 MINUTEN

1 Blumenkohl
4 EL Olivenöl
1 TL Kreuzkümmel
1 TL geräuchertes Paprikapulver
1 TL Knoblauchpulver
Fleur de Sel, Pfeffer

Für die Würzpaste
4 EL Erdnussbutter
1 TL frisch geriebener Ingwer
1 Msp. Chilipaste
1 TL Knoblauch, fein gehackt
1 Limette
1 EL Ahornsirup (oder Zucker)
2 EL Coco-Aminos-Würzsauce (oder Sojasauce)

1 Den Backofen auf 200 °C vorheizen.

2 Die grünen Blätter vom Blumenkohl entfernen, anschließend den Blumenkohl waschen und abtropfen lassen. In einer Schüssel Olivenöl, Gewürze und Knoblauch vermischen. Den Blumenkohl vollständig mit der Olivenölmarinade bestreichen. Mit einer Prise Fleur de Sel und Pfeffer bestreuen.

3 Den ganzen Blumenkohl in einen ofenfesten Schmortopf oder eine große Auflaufform geben, etwas Wasser hinzufügen und für etwa 45 Minuten im Backofen garen. Falls der Blumenkohl zu schnell bräunt, den Topf oder die Form mit Backpapier abdecken.

4 Für die Würzpaste alle Zutaten miteinander vermischen und 3 EL Wasser hinzufügen.

5 Der Blumenkohl ist fertig, sobald er goldbraun, aber noch bissfest ist. Aus dem Ofen nehmen und lauwarm mit der Würzpaste genießen.

Tipp

Sie können den Blumenkohl auch in einzelne Röschen zerteilen oder in Scheiben schneiden und diese mit dem gewürzten Öl bestreichen, bevor Sie sie in den Ofen schieben.

BLUMENKOHL-TABOULÉ MIT PISTAZIEN UND ZITRONENCONFIT

FÜR 4 PERSONEN

ZUBEREITUNG: 20 MINUTEN • OHNE KOCHEN

3 EL Olivenöl
1 TL Kokosblütenzucker
1 TL Knoblauchpulver
Saft von 1 Zitrone
1 weiße Zwiebel
1 Blumenkohl
2 Tomaten
1 Salatgurke
1 eingelegte Zitrone (Salzzitrone)
1 Bund glatte Petersilie
1 Bund Minze
1 Handvoll Pistazien
Salz, Pfeffer

1 Olivenöl, Kokosblütenzucker, Knoblauch, eine Prise Salz und Zitronensaft mischen. Die Zwiebel schälen, klein schneiden und hinzugeben, alles beiseitestellen.

2 Den Blumenkohl am Strunk festhalten und vorsichtig in eine Schüssel raspeln.

3 Tomaten und Gurke in kleine Würfel schneiden. Die eingelegte Zitrone in sehr kleine Stückchen schneiden. Petersilie und Minze klein hacken. Die Pistazien grob mörsern.

4 Tomaten, Gurke, Zitronenstückchen, Kräuter und Pistazien zum Blumenkohl in die Schüssel geben. Alles mit der vorbereiteten Vinaigrette beträufeln. Gut vermischen und mit Pfeffer und Salz abschmecken.

Kleine Notiz am Rande ...

Dies ist ein weiteres Rezept mit sowohl einer orientalischen als auch afrikanischen Note. Ich wollte Blumenkohl einmal anders zubereiten. Denn Blumenkohl ist ein Gemüse, das sehr vielseitig ist. Dieses Rezept ist im Handumdrehen gemacht. Das Blumenkohltaboulé ist erfrischend, leicht säuerlich, knackig und kann als Hauptgericht oder als Beilage zu gegrilltem Gemüse genossen werden.

MANIOK-TABOULÉ MIT RADIESCHEN UND KRÄUTERN

FÜR 4 PERSONEN

400 g Attiéke (Maniokgrieß, alternativ Couscous)
1 Bund Petersilie
1 Bund Minze
1 Bund Radieschen
1 Bund Frühlingszwiebeln
Saft von 1 Zitrone
2 EL Sesamöl
1 TL Knoblauchpulver
Salz, Pfeffer

1 Den Maniokgrieß nach Packungsanleitung zubereiten (entweder wird er wie Couscous mit Wasser oder Brühe übergossen und quellt abgedeckt für 10–15 Minuten oder er ist bereits vorgekocht und muss nur noch im Dampfgarer oder der Mikrowelle erwärmt werden).

2 Petersilie und Minze klein schneiden und einzeln beiseitestellen. Radieschen und Frühlingszwiebeln in dünne Scheiben schneiden und ebenfalls einzeln beiseitestellen.

3 Für die Vinaigrette Zitronensaft, Sesamöl, Knoblauchpulver, Salz und Pfeffer verquirlen.

4 Den Maniokgrieß auflockern und in die Mitte des Tellers geben, die übrigen Zutaten rundherum anrichten und mit der Vinaigrette beträufeln. Sofort genießen, damit der Maniokgrieß nicht matschig wird.

Kleine Notiz am Rande ...

In der Elfenbeinküste lebt seit Generationen eine große libanesische Community. Die Ivorer lieben die Gerichte aus dem Land der Zedern. Dieses Rezept vereint zwei typische Speisen aus beiden Ländern und ist eine Hommage an die kulturelle Vielfalt, die den Reichtum der Elfenbeinküste ausmacht.

Zubereitung: **20 Minuten**

Kochzeit: **2–15 Minuten**

GEMÜSETASCHEN

FÜR 8–10 STÜCK

ZUBEREITUNG: 30 MINUTEN • KOCHZEIT: 30 MINUTEN

1 rote Paprikaschote
1 Aubergine
1 Karotte
1 Zwiebel
1 EL Olivenöl
(plus mehr zum Bestreichen)
1 EL Tomatenmark
1 TL Knoblauchpulver
2 TL Kokosblütenzucker
1 TL getrockneter Thymian
2 Zweige Petersilie, gehackt
1 TL scharfes Chilipulver
1 Pkg. Blätterteig
Salz, Pfeffer

1 Paprika, Aubergine, Karotte und Zwiebel in kleine Würfel schneiden. Alles separat beiseitestellen.

2 Das Olivenöl in einer Pfanne erhitzen. Die Zwiebel darin für etwa 8 Minuten bei mittlerer Hitze anschwitzen. Wenn sie glasig ist, Paprika-, Karotten- und Auberginenwürfel hinzufügen. Unter ständigem Rühren bei schwacher Hitze etwa 5 Minuten anbraten.

3 Das Tomatenmark zugeben. Nach Geschmack salzen und pfeffern. Mit 20 ml Wasser aufgießen und alles für 15 Minuten auf kleiner Flamme köcheln lassen. Dabei regelmäßig umrühren. Knoblauchpulver, Zucker, Thymian, Petersilie und Chili hinzugeben. Köcheln, bis das Wasser verdampft ist.

3 Den Backofen auf 200 °C vorheizen. Den Blätterteig ausrollen und mit einer Tasse Kreise ausstechen. Auf jeden Kreis jeweils 1 TL Fülle geben und zuklappen, um Halbkreise zu formen. Die Ränder mit einer Gabel andrücken und mit etwas Öl bestreichen.

5 Die Teigtaschen nebeneinander auf ein mit Backpapier ausgelegtes Blech legen und für etwa 25 Minuten in den Ofen schieben, bis sie goldbraun sind. Nach der Hälfte der Garzeit wenden, damit sie beidseitig eine schöne Farbe bekommen.

Kleine Notiz am Rande …

Das Wort Gemüsetaschen bedeutet für mich: Feiertag! Sie sind die Spezialität meiner Schwester Monique. Zu jedem Fest hat sie die kleinen Taschen zubereitet. Ich bewunderte ihre Fingerfertigkeit und liebte es, ihr zuzusehen, wie sie sie einzeln von Hand formte.

MAIS-VELOUTÉ MIT ERDNÜSSEN

FÜR 4 PERSONEN

ZUBEREITUNG: 10 MINUTEN • KOCHZEIT: 35 MINUTEN

1 große Dose Zuckermais (600 g)
1 Knoblauchzehe
1 Zwiebel
1 gelbe Paprikaschote
1 EL Olivenöl
250 ml Kokosmilch
2 TL Gemüsebrühe
1 Handvoll geröstete Erdnüsse
Pfeffer

1. Den Mais abspülen und abtropfen lassen.

2. Den Knoblauch fein zerkleinern, die Zwiebel in große Stücke schneiden. Die Paprika in kleine Würfel schneiden.

3. Das Olivenöl in einem Topf erhitzen. Zwiebel und Knoblauch bei schwacher Hitze etwa 8 Minuten anbraten. Wenn die Zwiebel glasig ist, Mais und Paprika hinzugeben und weitere 5 Minuten braten. Kokosmilch und 500 ml Wasser dazugießen und die Gemüsebrühe einrühren. Mit Pfeffer würzen, umrühren und 20 Minuten zugedeckt köcheln lassen.

4. Vom Herd nehmen, alles etwas abkühlen lassen und dann zu einer cremigen Masse pürieren.

5. Vor dem Servieren mit gehackten gerösteten Erdnüssen bestreuen.

Tipp

Für einen zusätzlichen Frischekick bestreuen Sie diese cremige Suppe zum Schluss mit gehackten Korianderblättern.

VELOUTÉ AUS GEGRILLTEN TOMATEN MIT CHILI

FÜR 6 PERSONEN

1 kg reife Tomaten
1 kleine milde Chilischote
1 rote Paprikaschote
2 Karotten
2 rote Zwiebeln
3 Knoblauchzehen
4 EL Olivenöl
(plus mehr zum Servieren)
1 EL Puderzucker
900 ml Gemüsebrühe
100 g Tomatenmark
4 Tropfen Balsamico-Essig
Salz, Pfeffer

1 Den Backofen auf 180 °C vorheizen. Tomaten, Chili, Paprika, Karotten und Zwiebeln in große Stücke schneiden und auf ein mit Backpapier ausgelegtes Backblech legen. Den geschälten und grob geschnittenen Knoblauch darüberstreuen. Alles mit Olivenöl beträufeln, salzen und mit Puderzucker bestäuben.

2 Für etwa 50 Minuten im Backofen garen. Um den intensiven Geschmack zu erhalten, sollte die Oberseite des Gemüses nur leicht anbräunen (darauf achten, dass es nicht anbrennt). Je nach Bräunungsgrad bei 140 °C weitergaren.

3 Ist das Gemüse goldbraun, herausnehmen und mit der Gemüsebrühe und dem Tomatenmark in einen Topf geben. Bei schwacher Hitze 5 Minuten köcheln. Abkühlen lassen und dann pürieren.

4 Eine Prise frisch gemahlenen Pfeffer, eventuell noch etwas Salz und den Essig hinzufügen und erneut für etwa 5 Minuten bei schwacher Hitze köcheln lassen. Vor dem Servieren mit einem Schuss Olivenöl abrunden.

Kleine Notiz am Rande ...

Ich mag Suppen sehr gerne und ganz besonders diese Tomatensuppe, denn sie erinnert mich an die würzigen, wärmenden Suppen, die meine Mutter am Morgen nach einem Fest gekocht hat. Diese Velouté kann im Sommer auch kalt wie eine Gazpacho als sehr erfrischende Vorspeise serviert werden.

Zubereitung: **20 Minuten**

Kochzeit: **1 Stunde**

Zubereitung: **15 Minuten** Kochzeit: **40 Minuten**

KAROTTEN-VELOUTÉ MIT INGWER

FÜR 4 PERSONEN

5 Karotten
1 rote Zwiebel
1 Knoblauchzehe
1 EL Kokosöl
1 TL frischer Ingwer, gerieben
1 Prise Kreuzkümmel
500 ml Gemüsebrühe
200 ml Kokosmilch
Salz, Pfeffer

1 Die Karotten schälen und in Scheiben schneiden. Zwiebel und Knoblauchzehe schälen und klein schneiden.

2 Das Kokosöl in einem großen Topf erhitzen. Zwiebel, Knoblauch und Ingwer bei mittlerer Hitze etwa 8 Minuten anbraten, bis die Zwiebel glasig ist. Die Karotten hinzugeben und 10 Minuten weiter braten. Salzen, pfeffern und eine Prise Kreuzkümmel dazugeben. Alles mit Gemüsebrühe ablöschen und bei schwacher Hitze 20 Minuten köcheln lassen.

3 Wenn das Gemüse gar ist, die Kokosmilch hinzufügen und alles pürieren, bis eine cremige Velouté entsteht.

Kleine Notiz am Rande ...

Nichts ist im Winter besser als ein Teller gute Suppe. Mein Tipp, damit es nicht eintönig wird: Alltagsgerichte mit afrikanischen Gewürzen (Kakao, Soumbala, Chili ...) aufpeppen. Trauen Sie sich! Bei dieser Karottensuppe wählte ich die Wärme des Ingwers und den rauchigen Geschmack des Kreuzkümmels. Ein wahrer Hochgenuss. Sie können kurz vor dem Servieren einige Zweige Petersilie oder Koriander darüberstreuen. Ich gebe auch gerne einige geröstete Cashewkerne dazu.

WEISSE-BOHNEN-VELOUTÉ MIT KOKOSSPECK

FÜR 4 PERSONEN

ZUBEREITUNG: 15 MINUTEN • KOCHZEIT: 30 MINUTEN

1 EL Olivenöl
1 Zwiebel
2 Knoblauchzehen
1 Stange Sellerie (ca. 30 g)
1 TL getrockneter Thymian
1 l Gemüsebrühe
500 g gekochte weiße Bohnen, abgetropft
Salz, Pfeffer

Für den Kokosspeck
2 EL helle Sojasauce
2 EL Flüssigrauch
1 EL Ahornsirup
½ TL Paprikapulver
500 g Kokoschips

1 Das Olivenöl in einem großen Topf bei mittlerer Temperatur erhitzen. Zwiebel, Knoblauch und Sellerie klein schneiden, in den Topf geben und 10 Minuten anschwitzen.

2 Thymian hinzufügen, umrühren und mit 250 ml Gemüsebrühe aufgießen. Zudecken und für 5 Minuten kochen. Jetzt weitere 250 ml Gemüsebrühe nachgießen und erneut für 5 Minuten zugedeckt kochen lassen.

3 Dann die abgetropften Bohnen und die übrige Gemüsebrühe hinzugeben, mit Pfeffer würzen und alles pürieren. Mit einer Prise Salz abschmecken.

4 Den Backofen auf 180 °C vorheizen. Sojasauce, Flüssigrauch, Ahornsirup und Paprikapulver miteinander verrühren. Die Kokoschips hinzufügen und gut vermischen, sodass die Marinade alle Chips benetzt.

5 Die marinierten Kokoschips auf einem mit Backpapier ausgelegten Blech gleichmäßig verteilen. Etwa 10 Minuten goldbraun rösten. Darauf achten, dass die Chips nicht anbrennen!

6 Abkühlen lassen. Der Kokosspeck soll knusprig sein. Vor dem Servieren über die Velouté streuen.

Kleine Notiz am Rande …

In meiner Jugend habe ich viele weiße Bohnen gegessen, aber nie in Form von Suppe. Sie wurden immer in Tomatensauce gekocht. Bohnen in Sauce sind in vielen Ländern West- und Zentralafrikas ein fester Bestandteil des Streetfoods. Mal werden sie mit Brot oder wie in Kamerun mit Beignets gegessen. Hier stelle ich Ihnen eine milde und wärmende Variante vor. Genießen Sie die Velouté mit knusprigem Kokosspeck, der dem Gericht Textur und eine raffinierte rauchige Note verleiht. Kokosspeck kann in einer luftdicht verschlossenen Dose bis zu einer Woche lang aufbewahrt werden. Er schmeckt auch sehr gut über Salate gestreut oder einfach als Snack.

KALTE WASSERMELONENSUPPE MIT TOMATEN UND MANGO

FÜR 4 PERSONEN

ZUBEREITUNG: 10 MINUTEN • RUHEZEIT: 1 STUNDE • OHNE KOCHEN

4 reife Tomaten (ca. 350 g)
Fruchtfleisch von 1 Mango (ca. 200 g)
800 g Wassermelone
6 Minzeblätter
2 EL Olivenöl
Saft von ½ Zitrone
1 Prise mildes Chilipulver (Piment d'Espelette)
1 TL Himbeeressig
Salz, Pfeffer

1 Die Tomaten waschen, schälen und entkernen. Die Mango schälen und das Fruchtfleisch in große Würfel schneiden.

2 Die Wassermelone aufschneiden und in Stücke zerteilen, dabei die Kerne entfernen. Die Minzeblätter waschen.

3 Wassermelonenstücke, Tomaten, Mangowürfel und Minze im Mixer pürieren.

4 Olivenöl, Zitronensaft, Chilipulver, Himbeeressig, Salz und Pfeffer hinzufügen und auf höchster Stufe mixen, bis eine glatte Konsistenz erreicht ist.

5 Die Suppe zum Abkühlen für mindestens 1 Stunde in den Kühlschrank stellen. Gut gekühlt genießen!

Kleine Notiz am Rande ...

Ich liebe Wassermelonen! Sie erinnern mich an unsere Wochenend-Familienausflüge nach Bassam (Badeort und die ehemalige Hauptstadt der Elfenbeinküste). Auf dem Weg dorthin hielten wir oft an, um am Straßenrand Obst und Gemüse zu kaufen. Und auch heute noch, wenn ich in die Elfenbeinküste zurückkehre, berühren mich die improvisierten Märkte und die mit buntem Obst und Gemüse überquellenden Stände und geben mir das Gefühl, zu Hause zu sein.

Zubereitung: **10 Minuten** Kochzeit: **15 Minuten**

SOPA DE AMENDOIM

(Erdnusssuppe aus Angola)

FÜR 4 PERSONEN

1 grüne Chilischote
1 kleine grüne Paprikaschote (ca. 100 g)
1 Zwiebel
1 l Gemüsebrühe
120 g Erdnussbutter
Salz, Pfeffer

1 Chili und Paprika waschen, entkernen und klein hacken. Die Zwiebel in kleine Würfel schneiden.

2 In einem Topf die Gemüsebrühe zum Kochen bringen, dann Chili, Paprika und Zwiebelwürfel hinzufügen und etwa 10 Minuten kochen. Die Erdnussbutter dazugeben und umrühren, bis sie vollständig geschmolzen ist.

3 Nach Geschmack mit Salz und Pfeffer würzen.

Kleine Notiz am Rande …

Diese köstliche Suppe ist ein Klassiker der angolischen Küche. »Sopa de Amendoim« (Erdnusssuppe) ist Portugiesisch, denn dies ist die Amtssprache des großen Landes im Süden von Afrika. Sie schmeckt an sich schon hervorragend, je nach Lust und Laune können Sie sie aber auch mit in Würfelchen geschnittenem Gemüse wie Karotten, Sellerie oder Rüben abwandeln.

GEMÜSESUPPE AUS RUANDA

FÜR 4 PERSONEN

1 Zwiebel
2 Knoblauchzehen
1 Karotte
1 Stange Sellerie
2 kleine Süßkartoffeln (ca. 400 g)
1 EL Olivenöl
150 g grüne Linsen
300 g passierte Tomaten
1 Lorbeerblatt
1 Prise getrockneter Thymian
1 Zweig Rosmarin
3 TL Gemüsebrühe
200 g Spinatblätter, gehackt
Pfeffer

1 Zwiebel und Knoblauch hacken. Karotte und Sellerie waschen und in kleine Würfel schneiden. Die Süßkartoffeln waschen, schälen und ebenfalls in kleine Würfel schneiden.

2 Das Olivenöl in einem Topf erhitzen, Zwiebel und Knoblauch darin etwa 5 Minuten anschwitzen, bis sie weich und leicht gebräunt sind. Sellerie, Karotten- und Süßkartoffelwürfel hinzufügen. Umrühren und für etwa 10 Minuten anbraten. Die Linsen abspülen und ebenfalls in den Topf geben.

3 Dann passierte Tomaten, Lorbeerblatt, Thymian, Rosmarin, Spinat und Gemüsebrühe hinzufügen. Pfeffern und mit Wasser großzügig aufgießen. Auf kleiner Flamme kochen, bis die Linsen gar sind – das kann bis zu 40 Minuten dauern.

4 Das Lorbeerblatt herausnehmen und die Suppe heiß genießen.

Kleine Notiz am Rande ...

Dies ist ein traditionell veganes Gericht aus Ruanda. Sehr einfach zuzubereiten, reich an Nährstoffen und Proteinen. Es enthält alles, was man braucht, und ist perfekt für einen kalten Winterabend.

Zubereitung: **15 Minuten** Kochzeit: **55 Minuten**

HAUPT-GERICHTE

KOCHBANANENEINTOPF MIT AUBERGINE

FÜR 4 PERSONEN

1 Zwiebel
1 große Aubergine
2 EL Olivenöl
1 TL Knoblauchpulver
1 Prise Kreuzkümmel
1 Prise mildes Chilipulver (Piment d'Espelette)
400 g passierte Tomaten
1 EL Tomatenmark
1 Lorbeerblatt
1 TL Zucker
2 reife, feste Kochbananen
Salz, Pfeffer

1 Die Zwiebel hacken und die Aubergine in kleine Würfel schneiden. Das Olivenöl in einem Topf erhitzen. Wenn es heiß ist, die gehackte Zwiebel darin etwa 8 Minuten anbraten. Auberginenwürfel, Knoblauchpulver, Kreuzkümmel und Chili hinzufügen. Die Auberginenwürfel etwa 10 Minuten goldbraun braten. Dabei regelmäßig umrühren.

2 Wenn die Auberginenwürfel weich gegart sind, passierte Tomaten, Tomatenmark, Lorbeerblatt und Zucker hinzufügen. Salzen, pfeffern und 30 Minuten bei mittlerer Hitze köcheln lassen.

3 Inzwischen die Kochbananen schälen und in mittelgroße Stücke schneiden. In siedendem Salzwasser etwa 10 Minuten kochen.

4 Die gegarten Kochbananen in den Eintopf geben und vorsichtig umrühren. Weitere 5 Minuten bei kleiner Hitze ziehen lassen. Warm genießen.

Kleine Notiz am Rande ...

In ganz Afrika gibt es unzählige Eintopfgerichte. Meine Mutter kocht übrigens einen legendären Kartoffeleintopf. Ich mag diese One-Pot-Gerichte besonders gerne, weil sie reichhaltig, wärmend und praktisch zuzubereiten sind. Sie können dieses Rezept mit anderen Gemüsesorten variieren und die Bananen durch Knollen wie Süßkartoffeln oder Yamswurzeln ersetzen.

Zubereitung: **10 Minuten** Kochzeit: **1 Stunde**

Zubereitung: **15 Minuten** Ziehzeit: **1 Stunde–1 Nacht** Kochzeit: **35 Minuten**

BLUMENKOHL-YASSA MIT OLIVEN

FÜR 4 PERSONEN

1 großer Blumenkohl
1 kg Zwiebeln
2 Knoblauchzehen
2 EL Senf
Saft von 1 Zitrone
1 TL Ingwer, frisch gerieben (oder Ingwerpulver)
1 Handvoll grüne Oliven ohne Kerne
3 EL Olivenöl
1 TL Kokosblütenzucker
2 Lorbeerblätter
1 Bund frische Petersilie, gehackt
Salz, Pfeffer

1 Den Blumenkohl waschen und in Röschen teilen. Beiseitestellen. Die Zwiebeln in feine Streifen schneiden, den Knoblauch klein hacken.

2 In einer größeren Schüssel Senf, Zitronensaft, Salz, Pfeffer, Knoblauch, Ingwer, Zwiebeln, Oliven und die Blumenkohlröschen vermischen. Mindestens 1 Stunde (besser über Nacht) marinieren. Danach den Blumenkohl herausnehmen und beiseitestellen.

3 In einer beschichteten Pfanne 2 EL Olivenöl erhitzen. Die Marinade etwa 2 Minuten anschwitzen, bis die Zwiebeln glasig sind. Kokosblütenzucker, Lorbeerblätter und Petersilie hinzufügen und umrühren. Mit einem Schuss Wasser aufgießen und zugedeckt 10–15 Minuten köcheln lassen, bis die Zwiebeln weich sind.

4 In der Zwischenzeit etwa 1 EL Olivenöl in einer zweiten Pfanne erhitzen. Die Blumenkohlröschen im heißen Öl ca. 15 Minuten unter ständigem Wenden anbraten. Sie sollen fest bleiben und nur leicht anbräunen.

5 Den Blumenkohl herausnehmen und in die Pfanne zu den Zwiebeln geben. Alles umrühren. Nach Belieben nachwürzen. Heiß mit weißem Reis oder Atassi servieren (Seite 140).

Kleine Notiz am Rande ...

Sie kennen dieses symbolträchtige Gericht aus dem Senegal wahrscheinlich schon. Yassa ist ein Markenzeichen der afrikanischen Landesküchen und darf in diesem Buch natürlich nicht fehlen. Allerdings ist dieses Gericht nicht traditionell vegan. Meine Version ist deshalb eine Abwandlung. Ich habe mich für Blumenkohl entschieden, weil er eine dichte Textur hat und ein sehr guter Ersatz für Hühnchen ist.

GEGRILLTER KÜRBIS MIT HARISSA

FÜR 4 PERSONEN

500 g Moschus- oder Butternusskürbis
2 rote Zwiebeln
2 EL Harissa
2 EL Olivenöl
½ Bund frischer Koriander, gehackt

1 Den Backofen auf 180 °C vorheizen.

2 Den Kürbis waschen und in dicke Scheiben schneiden. Zwiebeln ebenfalls in dicke Scheiben schneiden. Beides in eine Schüssel geben, Harissa und Olivenöl hinzufügen und alles durchmischen, damit sich die Würze gleichmäßig über die Kürbisscheiben verteilt.

3 Kürbisscheiben und Zwiebeln auf einem mit Backpapier ausgelegten Backblech nebeneinander verteilen und für etwa 20 Minuten in den Backofen schieben. Je dünner die Kürbisscheiben sind, desto kürzer ist die Garzeit.

4 Kurz vor dem Servieren mit etwas gehacktem Koriander bestreuen.

Kleine Notiz am Rande ...

Tiep ist ein Nationalgericht der senegalesischen Küche und wird oft mit Gemüse serviert, das entweder lange in einer Brühe geköchelt oder gebraten wurde. Es hat mich zu diesem Rezept inspiriert. Die gegrillten Kürbisscheiben können allein oder als Beilage zu einem Grieß mit Trockenfrüchten (Aprikosen und Rosinen, geschälte Mandeln) genossen werden. Die Rosinen vorher in Tee einlegen, damit sie weich werden. Sie können die gegrillten Kürbisscheiben auch mit weißem Reis servieren.

Zubereitung: **15 Minuten** Kochzeit: **20 Minuten**

Zubereitung: **15 Minuten** Kochzeit: **35 Minuten**

SAUTIERTER SPINAT MIT CHAMPIGNONS UND KOCHBANANEN

FÜR 4 PERSONEN

1 Zwiebel
4 Tomaten
250 g Champignons
1,5 kg frischer Spinat
2 EL Pflanzenöl
2 TL Gemüsebrühe
2 TL Knoblauchpulver
4 reife, noch feste Kochbananen
Salz, Pfeffer

1 Die Zwiebel klein hacken. Die Tomaten entkernen und in kleine Würfel schneiden. Die Champignons putzen und in grobe Stücke schneiden. Den Spinat waschen.

2 Das Pflanzenöl in einer Pfanne erhitzen. Die Zwiebelwürfel hinzufügen und etwa 5 Minuten anbraten. Sobald sie weich und glasig sind, die gewürfelten Tomaten hinzugeben und alles gut durchmischen. Für ca. 5 Minuten bei geringer Hitze köcheln lassen, dabei öfter umrühren.

3 Anschließend Pilze und Spinat untermischen, mit Gemüsebrühe, Knoblauchpulver und ca. ½ TL Pfeffer würzen. Alles gut durchmischen. Zugedeckt für weitere 10 Minuten bei mittlerer Hitze köcheln lassen, dabei ab und zu umrühren. Eventuell einen Schuss Wasser hinzufügen, damit der Spinat nicht an der Pfanne anklebt.

4 Währenddessen die Kochbananen schälen, die Enden entfernen und in jeweils 2–3 Stücke schneiden. In einem Topf mit siedendem, leicht gesalzenem Wasser kochen. Die Bananen müssen vollständig mit Wasser bedeckt sein. Etwa 15 Minuten kochen. Sie sind fertig, wenn sie eine schöne gelbe Farbe angenommen haben und leicht mit einem spitzen Messer einzustechen sind.

5 Die Champignons mit dem sautierten Spinat auf der einen Hälfte des Tellers, die Kochbananen auf der anderen Hälfte anrichten.

Tipp

Sie können Kochbananen auch dämpfen. Dazu die Kochbananen waschen, halbieren oder dritteln und auf einer Seite leicht einschneiden. Die Bananenstücke für 10 Minuten in den Dampfgarer geben. Sie sind fertig, wenn man sie mit einem spitzen Messer leicht einstechen kann.

Zubereitung: **20 Minuten**

Kochzeit: **35 Minuten**

WRAPS MIT GRILLGEMÜSE

FÜR 4 PERSONEN

1 mittelgroße Avocado
1 mittelgroße Süßkartoffel (200 g)
1 rote Paprikaschote
1 gelbe Paprikaschote
10 Kirschtomaten
1 Spritzer Kokosöl
1 TL geräuchertes Paprikapulver
1 TL Quatre-Épices-Gewürzmischung (weißer Pfeffer, Ingwer, Muskat, Gewürznelke)
1 TL Knoblauchpulver
4 Vollkorn-Wraps
1 Handvoll junge Salatblätter
2 EL frischer Koriander, gehackt
Salz, Pfeffer

1 Den Backofen auf 180 °C vorheizen. Inzwischen das Gemüse waschen und grob schneiden. Ein Blech mit Backpapier auslegen und das Gemüse darauf verteilen. Das Kokosöl schmelzen und das Gemüse damit beträufeln. Gewürze und Knoblauchpulver darüberstreuen. Nach Belieben mit Salz und Pfeffer würzen. Darauf achten, dass die Gewürze gut verteilt sind.

2 In den Ofen schieben und etwa 35 Minuten backen, bis das Gemüse goldbraun ist. Herausnehmen und abkühlen lassen.

3 Um die Wraps zu erwärmen, für ungefähr 1–2 Minuten in den heißen Backofen stellen.

4 Herausnehmen und die Wraps mit dem Gemüse, dem Salat und dem fein gehackten Koriander belegen.

Tipp

Bestreichen Sie Ihre Wraps mit Erdnuss-Hummus (Seite 38) und beträufeln Sie sie für noch mehr Frische mit einem Spritzer Limettensaft.

Kleine Notiz am Rande ...

Diese Gemüsewraps sind perfekt, um Reste zu verwerten. Verwenden Sie alles, was Sie gerade dahaben. Sie sind eine Hommage an das Streetfood der Elfenbeinküste .

RISOTTO MIT AVOCADO

FÜR 4 PERSONEN

ZUBEREITUNG: 5 MINUTEN • KOCHZEIT: 30 MINUTEN

1 Zwiebel
1 Knoblauchzehe
2 EL Olivenöl
200 g Risottoreis
600 ml Gemüsebrühe
1 reife Avocado
1 Zitrone
Salz, Pfeffer

1 Zwiebel und Knoblauch grob hacken. Olivenöl in einem Schmortopf erhitzen und Zwiebel und Knoblauch bei mittlerer Hitze etwa 8 Minuten anbraten.

2 Den Reis hinzugeben und unter Rühren etwa 2 Minuten andünsten, bis er glasig wird. Mit Brühe aufgießen und bei schwacher Hitze 20 Minuten kochen lassen, bis die Flüssigkeit aufgesogen ist. Regelmäßig umrühren, damit der Reis nicht anklebt.

3 Die Avocado mit Zitronensaft beträufeln und zum Risotto servieren. Salzen und pfeffern nach Belieben. Sofort genießen.

Tipp

Vor dem Servieren ein paar geröstete Pistazien hinzuzufügen, das verleiht dem Gericht eine knusprige Note.

Kleine Notiz am Rande ...

Risotto ist natürlich kein authentisches afrikanisches Essen, auch wenn Reis in vielen Ländern südlich der Sahara sehr häufig gegessen wird. Diesem Gericht habe ich mit der Avocado eine afrikanische Note verliehen. Das Ergebnis ist sehr cremig und schmeckt toll.

HIRSE MIT GEGRILLTEN TOMATEN

FÜR 4 PERSONEN

ZUBEREITUNG: 20 MINUTEN • KOCHZEIT: 40 MINUTEN • RUHEZEIT: 20 MINUTEN

4 reife Tomaten
1 große rote Zwiebel
1 Knoblauchzehe
200 g Hirse
75 ml Olivenöl
Saft von 1 Zitrone
1 EL frische Minze, gehackt
1 EL frische Petersilie, gehackt
Salz, Pfeffer

1 Den Backofen auf 220 °C vorheizen. Die Tomaten vierteln und in eine mit Backpapier ausgelegte Auflaufform geben. Zwiebel und Knoblauch klein hacken und auf die Tomaten streuen. Mit einem Spritzer Olivenöl beträufeln, salzen und pfeffern und etwa 30 Minuten im Ofen grillen.

2 In der Zwischenzeit die Hirse in einen Topf geben und mit 250 ml leicht gesalzenem Wasser aufkochen. Umrühren und für 10 Minuten bei mäßiger Hitze kochen. Den Topf vom Herd nehmen und zugedeckt 20 Minuten stehen lassen. Die Hirse nimmt das Wasser auf und quillt.

3 Nach der Ruhezeit die Hirse mit einer Gabel auflockern und mit dem gegrillten Gemüse vermischen. Mit einer Vinaigrette aus Zitronensaft, dem restlichen Olivenöl und frischen Kräutern beträufeln. Salzen und pfeffern nach Geschmack.

KARTOFFELEINTOPF MIT OLIVEN

FÜR 4 PERSONEN

1 große Zwiebel
2 Knoblauchzehen
8 mittelgroße Kartoffeln (ca. 1,3 kg)
2 EL Olivenöl
1 TL Tomatenmark
400 g passierte Tomaten
1 Handvoll grüne Oliven ohne Kerne
1 TL Vollrohrzucker
1 TL Kreuzkümmel
1 TL Kurkuma
1 TL geräuchertes Paprikapulver
1 Msp. scharfes Chiligewürz
einige Stängel Koriander, gehackt
Salz, Pfeffer

1 Zwiebel und Knoblauch schälen und klein schneiden.

2 Die Kartoffeln waschen und schälen. In Viertel schneiden und beiseitestellen.

3 Das Olivenöl in einem Schmortopf erhitzen. Die Zwiebel etwa 8 Minuten anbraten, bis sie leicht Farbe annimmt. Dann Tomatenmark, passierte Tomaten, Oliven, Knoblauch, Zucker und alle Gewürze hinzufügen. Salzen, pfeffern und gut durchrühren. Alles etwa 20 Minuten bei schwacher Hitze köcheln lassen.

4 Die Kartoffeln in die Tomatensauce geben und ein kleines Glas Wasser hinzugießen. Zudecken und bei schwacher Hitze etwa 30 Minuten kochen, bis die Kartoffeln gar sind. Sie sind fertig, wenn man sie mit einer Messerspitze leicht einstechen kann. Vor dem Servieren mit gehacktem Koriander bestreuen.

Kleine Notiz am Rande …

Ein Eintopf ist ein Essen für die ganze Familie. Dieser hier mit marokkanischen Akzenten ist eines meiner Lieblingsgerichte. Gelegentlich füge ich noch getrocknete Tomaten oder eingelegte Paprika hinzu.

Zubereitung: **15 Minuten**

Kochzeit: **1 Stunde**

CHAKALAKA

(Eintopf aus Südafrika)

FÜR 4 PERSONEN

2 Karotten
2 Zwiebeln
1 Knoblauchzehe
1 rote Paprikaschote
1 grüne Paprikaschote
3 kleine Tomaten (ca. 200 g)
2 EL Olivenöl
1 TL frischer Ingwer, gerieben
2 TL Currypulver
1 TL geräuchertes Paprikapulver
1 TL Chilipulver (mild oder scharf, je nach Geschmack)
1 TL getrockneter Thymian
1 EL Tomatenmark
1 kleine Dose weiße Bohnen (250 g)
1 kleine Dose Kichererbsen (250 g)
½ Bund frischer Koriander, gehackt
Salz, Pfeffer

1 Die Karotten waschen, schälen und raspeln. Zwiebeln und Knoblauch klein hacken. Paprika und Tomaten waschen, entkernen und in Würfel schneiden.

2 In einer Pfanne mit hohem Rand das Olivenöl erhitzen. Zwiebeln und Knoblauch bei mittlerer Hitze etwa 5 Minuten anbraten, bis die Zwiebeln glasig sind. Dann Ingwer, Curry, Paprikapulver, Chili und Thymian hinzufügen. Alles gut durchmischen. Das gewürfelte Gemüse und Tomatenmark unterrühren. Salzen, gut umrühren und bei geschlossenem Deckel 30 Minuten bei schwacher Hitze köcheln lassen.

3 Bohnen und Kichererbsen abspülen, abtropfen lassen und hinzugeben. Umrühren und weitere 5 Minuten köcheln.

4 Bei Bedarf salzen und pfeffern und kurz vor dem Servieren mit gehacktem Koriander bestreuen.

Kleine Notiz am Rande …

Chakalaka ist ein traditionelles Rezept aus dem Süden Afrikas. Dieses herrlich würzige Gericht wird meist mit weißem Reis, Fisch oder auch Fleisch serviert. Aber die beiden letzten Beilagen braucht es nicht, da sind wir uns einig. Chakalaka kann man auch kalt als Vorspeise genießen!

Zubereitung: **10 Minuten** Kochzeit: **40 Minuten**

Zubereitung: **20 Minuten**

Kochzeit: **30 Minuten**

SÜSSKARTOFFELEINTOPF MIT KIDNEYBOHNEN

FÜR 4 PERSONEN

1 rote Zwiebel
4 Knoblauchzehen
1 große rote Paprikaschote (ca. 200 g)
1 EL Kokosöl
2 TL geräuchertes Paprikapulver
1 TL Chilipulver (mild oder scharf, je nach Geschmack)
2 TL getrockneter Koriander
2 TL Kreuzkümmel
2 Prisen Quatre-Épices-Gewürzmischung (weißer Pfeffer, Ingwer, Muskat, Gewürznelke)
2 große Süßkartoffeln (ca. 500 g)
800 g passierte Tomaten
1 EL Tomatenmark
2 Dosen Kidneybohnen (800 g)
2 TL Kokosblütenzucker
200 ml Gemüsebrühe
½ Bund frischer Koriander, gehackt
1 Frühlingszwiebel, gehackt
Salz, Pfeffer

1 Zwiebel und Knoblauch klein hacken. Zur Seite stellen.

2 Die Paprika waschen, entkernen und in kleine Würfel schneiden, dann ebenfalls beiseitestellen.

3 Das Kokosöl bei mittlerer Temperatur in einem Topf erhitzen, darin die Zwiebel für 5 Minuten unter regelmäßigem Rühren anbraten. Dann Knoblauch, Paprika, Paprikapulver, Chili, Koriander, Kreuzkümmel und Quatre Épices hinzufügen.

4 Je eine Prise Salz und Pfeffer einstreuen und weitere 5 Minuten dünsten. Eventuell einen Schuss Wasser hinzufügen, um ein Ankleben zu verhindern.

5 Die Süßkartoffeln schälen und waschen. In ca. 3 cm große Würfel schneiden und mit in den Topf geben. Passierte Tomaten, Tomatenmark, Kidneybohnen und den Kokosblütenzucker einrühren und gut vermischen. Mit Gemüsebrühe aufgießen und noch einmal gut umrühren, damit sich die Aromen gut verteilen. Alles bei mittlerer Hitze zugedeckt etwa 20 Minuten kochen. Der Eintopf ist fertig, wenn die Süßkartoffeln weich sind und die Brühe aufgesogen ist.

6 Kurz vor dem Servieren mit fein gehackten Frühlingszwiebeln und Koriander bestreuen.

Tipp

Dieses Gericht schmeckt sehr gut allein oder mit Jollof-Reis (Seite 138) als Beilage.

Zubereitung: **15 Minuten**

Kochzeit: **45 Minuten**

EGUSI STEW

(Eintopf aus Nigeria)

FÜR 4 PERSONEN

3 Tomaten
⅓ Scotch-Bonnet-Chili (oder mildere Sorte)
1 rote Paprikaschote
3 Knoblauchzehen
1 große Zwiebel (ca. 100 g)
2 EL rotes Palmöl
1 EL Tomatenmark
1 EL Paprikapulver
1 TL getrockneter Thymian
1 TL Currypulver
100 g gemahlene Egusi (Melonenkerne), alternativ gemahlene Sonnenblumenkerne
250 ml Gemüsebrühe
100 g Austernpilze (optional)
500 g frischer Spinat
Salz, Pfeffer

1 Das Gemüse waschen. Die Paprika entkernen und den Knoblauch hacken. Tomaten, Chili, Paprika und Knoblauch im Mixer pürieren, bis eine glatte Paste entsteht. Falls nötig, ein wenig Wasser zugeben.

2 Die Zwiebel hacken und die Hälfte davon in einem Topf mit 2 EL Öl etwa 2–3 Minuten anbraten, bis sie glasig ist. Dann langsam die pürierte Gemüsemasse zugießen und Tomatenmark, Paprikapulver, Thymian und Curry hinzufügen. Umrühren, zudecken und bei mittlerer Hitze 15 Minuten kochen lassen.

3 In der Zwischenzeit die gemahlenen Egusi, den Rest der Zwiebel mit der Hälfte der Gemüsebrühe mixen.

4 Die Egusi-Brühe in den Topf gießen und zugedeckt bei mittlerer Hitze 10 Minuten kochen. Die geputzten Austernpilze, Spinat und die übrige Gemüsebrühe hinzugeben. Nach Geschmack würzen, umrühren und weitere 10 Minuten zugedeckt bei schwacher Hitze köcheln lassen.

5 Heiß mit Reis, Kochbananen, Kartoffeln oder Yamswurzeln genießen.

Kleine Notiz am Rande ...

Egusi werden in ganz Westafrika viel verwendet. Es sind Melonenkerne, die getrocknet und gemahlen werden. Sie liefern viel Protein und machen außerdem Suppen und Eintöpfe dicker.

YAMSWURZEL-AKPESSI

(Aubergine und Yamswurzel auf ivorische Art)

FÜR 4 PERSONEN

12 afrikanische Auberginen, alternativ 2 »normale« Auberginen
2 Tomaten
1 rote Chilischote (mild oder scharf, je nach Geschmack)
2 Zwiebeln
2 Knoblauchzehen
2 EL Pflanzenöl
1 TL frischer Ingwer, gerieben
2 EL Tomatenmark
2 TL Gemüsebrühe
1 Yamswurzel, alternativ 1 große Süßkartoffel

1 Die Auberginen waschen und in große Stücke schneiden. In einem Topf mit gesalzenem Wasser für 15 Minuten bei mittlerer Hitze garen.

2 Die Tomaten waschen und kreuzweise oben einritzen. In den Topf mit den Auberginen geben und weitere 10 Minuten kochen. Danach das Gemüse abgießen und abkühlen lassen. Tomaten häuten und zusammen mit Auberginen und Chili pürieren. Zur Seite stellen.

2 Eine der beiden Zwiebeln und den Knoblauch im Mixer zerkleinern und beiseitestellen. Die zweite Zwiebel klein schneiden und ebenfalls beiseitestellen.

3 Das Pflanzenöl in einem Topf erhitzen und die klein geschnittene Zwiebel darin bei mittlerer Hitze etwa 5 Minuten dünsten. Wenn die Zwiebel glasig ist, das pürierte Gemüse, Ingwer und Tomatenmark hinzufügen. Die Gemüsebrühe einstreuen und mit 100 ml Wasser aufgießen. Alles gut verrühren. Bei schwacher Hitze 20 Minuten köcheln lassen, dabei gelegentlich umrühren. Salzen und pfeffern nach Geschmack.

4 In der Zwischenzeit die Yamswurzel waschen, schälen und in Stücke schneiden. In einem Topf mit leicht gesalzenem Wasser für etwa 20 Minuten bei mittlerer Hitze kochen. Garprobe: mit einem Messer einstechen. Ist kein Widerstand zu spüren, ist die Yamswurzel gar.

5 Das Akpessi mit den Yamswurzeln als Beilage genießen.

Kleine Notiz am Rande ...

Akpessi ist ein Gericht der Elfenbeinküste, bestehend aus bitteren afrikanischen Auberginen, das traditionell auch mit geräuchertem Fisch zubereitet wird. Hier stelle ich Ihnen die vegane Version vor, die mir sehr gut schmeckt. Auch Kochbananen oder Maniok passen gut dazu!

Zubereitung: **30 Minuten** Kochzeit: **1 Stunde 10 Minuten**

Zubereitung: **20 Minuten**

Kochzeit: **25 Minuten**

ATAKILT WAT
(Weißkohl, Kartoffeln und Karotten auf äthiopische Art)

FÜR 4 PERSONEN

4 Kartoffeln
4 Karotten
½ Weißkohl
1 Zwiebel
2 Knoblauchzehen
½ TL gemahlener Kardamom
2 EL Olivenöl
1 TL frischer Ingwer, gerieben
½ TL Kreuzkümmel
½ TL Kurkuma
½ TL gemahlener Zimt
Salz, Pfeffer

1 Die Kartoffeln waschen, schälen und in größere Stücke schneiden, die Karotten würfeln. Beides beiseitestellen. Den Kohl waschen und in dünne Streifen schneiden. Zwiebel und Knoblauch klein hacken.

2 Das Olivenöl in einer Pfanne erhitzen und Zwiebeln, Knoblauch und Ingwer darin andünsten. Nach etwa 3 Minuten Kreuzkümmel, Kurkuma, Zimt und Kardamom hinzugeben und 1–2 Minuten unter Rühren anbraten. Mit 150 ml Wasser ablöschen.

3 Dann die Kartoffel- und Karottenstücke und den klein geschnittenen Kohl hinzugeben. Mit Salz und Pfeffer würzen, umrühren und zugedeckt bei mittlerer Hitze etwa 20 Minuten köcheln lassen. Dabei ab und zu umrühren. Am Ende der Kochzeit sollen die Kartoffeln weich sein und auf der Zunge zergehen.

4 Das Atakilt Wat warm genießen.

Kleine Notiz am Rande …

Wat, ein Eintopf aus Gemüse, Hülsenfrüchten (Shiro Wat) oder einer Fleischsorte, ist eines der beliebtesten Gerichte in Äthiopien. Atakilt Wat ist eine sehr einfache, leckere und authentisch vegane Variante davon. Und wie die meisten äthiopischen Eintöpfe schmeckt er am besten mit Injera (Seite 28).

RED RED

(Roter Eintopf aus Ghana)

FÜR 4 PERSONEN

200 g Augenbohnen
4 reife Tomaten
1 große rote Zwiebel (ca. 100 g)
2 Knoblauchzehen
1 kleines Stück frischer Ingwer (ca. 4 cm)
4 EL rotes Palmöl, alternativ Erdnussöl
1 EL Tomatenmark
2 Chilischoten (Habanero oder mildere Sorte)
500 ml Gemüsebrühe
1 Avocado
Salz, Pfeffer

1 Die Bohnen vor dem Kochen für 30 Minuten in heißem Wasser einweichen – das reduziert die Garzeit. Anschließend ca. 30–45 Minuten in einem Topf mit Wasser kochen, bis sie weich sind.

2 Währenddessen die Tomaten waschen und grob zerkleinern, beiseitestellen.

3 Zwiebel, Knoblauch und Ingwer klein hacken und in einer Pfanne mit Öl anschwitzen, bis alles weich und leicht gebräunt ist. Dann das Tomatenmark unterrühren. Tomatenstücke und Chilis hinzufügen und 5–10 Minuten köcheln lassen (je kleiner die Chilis geschnitten werden, desto schärfer wird der Eintopf).

4 Wenn die Tomaten durchgegart sind, die abgetropften Bohnen hinzufügen, mit der Gemüsebrühe aufgießen und alles 30 Minuten bei schwacher Hitze weiter köcheln lassen.

5 Nach Belieben salzen und pfeffern und mit Avocadospalten garniert servieren.

Tipp

Weichen Sie die Bohnen über Nacht in Wasser ein. Das macht sie zarter und leichter verdaulich. Sie können die Avocado auch durch gebratene Kochbanane (Seite 44) ersetzen..

Kleine Notiz am Rande …

Red Red ist eines der typischsten Streetfoods von Ghana. Es wird dort zu jeder Tageszeit als gehaltvolle und erschwingliche Mahlzeit gegessen. Seinen Namen hat es nicht zu Unrecht. Die rote Farbe kommt vom roten Palmöl und den frittierten Kochbananen, die oft dazu gereicht werden.

Zubereitung: **10 Minuten** Einweichzeit : **30 Minuten** Kochzeit: **1 Stunde 35 Minuten**

BOBOTIE

(Südafrikanisches Gratin)

FÜR 4 PERSONEN

ZUBEREITUNG: 45 MINUTEN • KOCHZEIT: 1 STUNDE 15 MINUTEN

300 g grüne Linsen
2 Zwiebeln
2 Knoblauchzehen
3 Karotten
100 g Walnusskerne
½ TL gemahlene Kurkuma
2 TL gemahlener Zimt
1½ TL gemahlener Pfeffer
⅓ TL gemahlene Gewürznelke
2 TL Kreuzkümmel
½ TL scharfes Chilipulver
2 Äpfel, gerieben
3 EL Aprikosenkonfitüre
150 g Rosinen
1 EL helle Sojasauce
Saft von 1 Zitrone
2 Scheiben Vollkornbrot
200 ml pflanzliche Milch
Salz, Pfeffer

Für die Sauce
90 g Kichererbsenmehl
1 TL Backpulver
½ TL gemahlene Kurkuma
¼ TL Salz
240 ml pflanzliche Milch
2 Lorbeerblätter
(zur Dekoration)

1 Die Linsen für 25 Minuten in einem Topf mit Wasser weich kochen. Abtropfen und abkühlen lassen. Anschließend pürieren, bis sie eine leicht sämige Konsistenz haben. Zur Seite stellen.

2 Den Backofen auf 180 °C vorheizen. Die Zwiebeln hacken und in einer großen Pfanne 5 Minuten lang andünsten, bis sie weich und glasig sind. Den Knoblauch klein schneiden und beiseitestellen.

3 Die Karotten in Stücke schneiden und mit den Walnüssen vermischen. Die Walnuss-Karotten-Mischung zusammen mit den pürierten Linsen in die Pfanne zu den Zwiebeln geben. Umrühren und 5 Minuten köcheln lassen.

4 Gewürze, Knoblauch, Äpfel, Aprikosenkonfitüre, Rosinen und Sojasauce hinzufügen. Mit dem Zitronensaft beträufeln, salzen, pfeffern und bei schwacher Hitze weitere 5 Minuten köcheln lassen.

5 Die Brotscheiben in der pflanzlichen Milch einweichen. Wenn das Brot weich ist, mit einer Gabel zerdrücken und in die Pfanne dazugeben. Vorsichtig umrühren, bis es gut untergemischt ist. Alles in eine eingefettete Auflaufform geben. Die Oberfläche glatt streichen.

6 Alle trockenen Zutaten für die Sauce mischen und langsam die pflanzliche Milch einrühren, bis eine glatte Paste entsteht. Vorsichtig über der Linsenmischung verteilen. Mit den Lorbeerblättern dekorieren und 20–30 Minuten im Ofen backen, bis das Gratin aufgequollen und goldbraun ist.

Tipp

Sie können die Oberseite des Gratins mit Semmelbröseln bestreuen, bevor Sie es in den Ofen schieben, um eine schöne knusprige Oberfläche zu erhalten.

Kleine Notiz am Rande ...

In der Originalversion ist Bobotie ein Hackbraten, der von indonesischen und malaysischen Einwanderern nach Südafrika gebracht wurde.

GARI FOTO
(Maniokgrieß mit Tomaten aus Togo)

FÜR 2 PERSONEN

ZUBEREITUNG: 15 MINUTEN • KOCHZEIT: 25 MINUTEN

1 Zwiebel
1 Karotte
1 grüne Paprikaschote
2 frische Tomaten
2 EL geschmacksneutrales Öl
1 TL Paprikapulver edelsüß
300 ml Gemüsebrühe
100 g Gari (Maniokmehl), alternativ feine Hirse oder Couscous (Kochzeit anpassen)

1 Die Zwiebel klein hacken und beiseitestellen. Die Karotte schälen, Paprika und Tomaten entkernen. Das Gemüse in kleine Würfel schneiden.

2 Das Öl in einem Topf erhitzen und Zwiebel und Tomaten etwa 2 Minuten darin andünsten. Die Karotte hinzufügen und alles 5 Minuten unter ständigem Rühren anbraten. Paprikawürfel, Paprikapulver und die Gemüsebrühe hinzufügen. Zugedeckt für etwa 10 Minuten bei mittlerer Hitze köcheln lassen.

3 Den Gari langsam und unter ständigem Rühren einrieseln lassen, bis die gesamte Flüssigkeit aufgenommen ist (ca. 5 Minuten). Heiß servieren.

Kleine Notiz am Rande ...

Gari ist ein grobkörniges, fermentiertes Mehl, das aus Maniok hergestellt wird und in vielen Ländern West- und Zentralafrikas ein Grundnahrungsmittel ist. Es ist etwas feiner als Attiéke (Seite 72).

YASSA-BURGER

FÜR 4 PERSONEN

8 dicke Scheiben Pain Sucré (Seite 27)
4 Kidneybohnenpuffer (Seite 41)
1 rote Zwiebel
1 EL Olivenöl
1 TL Kokosblütenzucker
½ TL getrockneter Thymian
Saft von ½ Zitrone
1 rote Paprikaschote
1 reife Avocado
1 reife Kochbanane
½ TL Paprikapulver edelsüß
2 EL Kokosöl
1 Handvoll Babyspinat
Salz, Pfeffer

1. Pain Sucré und Kidneybohnenpuffer nach Rezept backen.

2. Die Zwiebel klein schneiden. Das Olivenöl in einem Topf erhitzen, die klein geschnittene Zwiebel darin 3 Minuten bei schwacher Hitze anschwitzen.

3. Kokosblütenzucker, Thymian und Zitronensaft dazugeben, salzen, pfeffern und bei mittlerer Hitze zugedeckt 5 Minuten köcheln lassen. Wenn die Zwiebel noch nicht weich ist, einen Schuss Wasser hinzufügen und weiter dünsten. Regelmäßig umrühren, bis alles Wasser aufgesogen ist. Den Herd ausschalten.

4. Die Paprika waschen, entkernen, in ca. 2 cm lange Streifen schneiden und beiseitestellen.

5. Die Avocado halbieren, den Kern entfernen und das Fruchtfleisch mit einem Löffel aus der Schale lösen. In Spalten schneiden und zur Seite stellen.

6. Die Kochbanane schälen und in etwa 1 cm dicke Scheiben schneiden. Die Bananenscheiben mit Salz und Paprikapulver bestreuen.

7. Das Kokosöl in einer Pfanne erhitzen und die Kochbananenscheiben darin von beiden Seiten anbraten, bis sie leicht karamelisiert sind, das dauert etwa 2–3 Minuten pro Seite.

8. Den Spinat waschen und abtropfen lassen.

9. Die Brotscheiben toasten und den Burger wie folgt anrichten: eine Scheibe Brot, die glasierten Zwiebelstückchen, dann ein Kidneybohnenpuffer, Kochbanane, Avocado, Paprika, ein paar Spinatblätter und zuletzt eine weitere Scheibe Brot. Warm genießen.

Zubereitung: **15 Minuten**

Kochzeit: **15 Minuten**

GHITERI

(Schmortopf aus Kenia)

FÜR 4 PERSONEN

1 große Tomate (ca. 250 g)
1 Zwiebel
1 Knoblauchzehe
2 Frühlingszwiebeln
1 kleine Dose Mais (165 g)
2 Dosen Kidneybohnen (700 g)
2 EL Rapsöl
2 TL Paprikapulver
½ TL Currypulver
½ TL weißer Pfeffer
2 EL frischer Koriander, gehackt
Salz

1 Die Tomate waschen und in Würfel schneiden, beiseitestellen. Zwiebel und Knoblauch fein hacken, Frühlingszwiebeln in feine Ringe schneiden. Mais und Kidneybohnen abspülen und abtropfen lassen.

2 Das Öl in einer Pfanne mit hohem Rand erhitzen, Zwiebeln und Knoblauch etwa 3 Minuten unter ständigem Rühren anschwitzen. Tomate, Paprikapulver, Curry, Pfeffer, Mais und Kidneybohnen hinzufügen. Salzen und gut vermischen.

3 Nun 350 ml Wasser zugießen, zum Kochen bringen und bei schwacher Hitze etwa 20 Minuten köcheln lassen, dabei gelegentlich umrühren.

4 Kurz vor dem Servieren mit gehacktem Koriander bestreuen und das Gericht heiß genießen.

Kleine Notiz am Rande ...

Ghiteri, auch Muthere oder Mutheri genannt, ist ein traditionelles, sehr beliebtes Gericht aus Kenia. Man isst es allein, zusammen mit Salzkartoffeln oder auch mit Ugali. Ugali ist eine Beilage, die man unter verschiedenen Bezeichnungen in vielen ostafrikanischen Ländern findet: ein fester Brei aus Mais- oder Hirsemehl. In Burkina Faso oder an der Elfenbeinküste wird es Kabato genannt, ein weiteres Gericht meiner Kindheit.

Zubereitung: **10 Minuten** Kochzeit: **30 Minuten**

Zubereitung: **30 Minuten** Kochzeit: **1 Stunde 45 Minuten**

MAFÉ MIT GEMÜSE

FÜR 6 PERSONEN

2 Zwiebeln
4 Knoblauchzehen
2 EL Erdnussöl
(oder anderes Pflanzenöl)
1 TL frischer Ingwer, gerieben
250 g Tomatenmark
4 TL Gemüsebrühe
3 Karotten
½ Weißkohl
2 Speiserüben
1 Süßkartoffel
3 afrikanische Auberginen, alternativ 1 kleine »normale« Aubergine
200 g Erdnussbutter
1 Chilischote (Habanero oder mild, nach Geschmack)
12 Okraschoten
Salz, Pfeffer

1 Zwiebeln und Knoblauchzehen in dünne Scheiben schneiden.

2 Das Erdnussöl in einem Topf erhitzen und Zwiebeln, Knoblauch und Ingwer etwa 3 Minuten darin andünsten, bis die Zwiebeln glasig sind. Tomatenmark und Gemüsebrühe hinzufügen, umrühren und mit 1,5 l Wasser aufgießen. Alles 10 Minuten köcheln lassen.

3 In der Zwischenzeit Karotten, Kohl, Rüben, Süßkartoffeln und Auberginen waschen, putzen und in grobe Stücke schneiden. Zur Seite stellen.

4 Nach einer Kochzeit von 10 Minuten die Erdnussbutter in den Topf geben und gut umrühren, bis sie vollständig geschmolzen ist. Dann das vorbereitete Gemüse und die ganze Chili hinzufügen. Gut vermischen, ohne die Chili zu zerdrücken.

5 Bei schwacher Hitze zugedeckt 1 Stunde köcheln lassen und anschließend die entstielten Okraschoten dazugeben. Nach Geschmack mit Salz und Pfeffer würzen. Umrühren und weitere 30 Minuten köcheln lassen.

6 Die Chili vor dem Servieren herausnehmen und das Gericht mit weißem Reis genießen. Mit Erdnüssen bestreuen für zusätzliche Knusprigkeit!

Tipp

Mafé schmeckt aufgewärmt am nächsten Tag noch besser!

GRATITUDE BOWL

FÜR 2 PERSONEN

6 Okraschoten
1 EL Olivenöl
1 TL Kreuzkümmel
1 Kochbanane
1 TL Paprikapulver
1 EL Kokosöl
50 g Parboiled Reis
1 Avocado
1 vorgegarte Rote Bete
1 rote Chilischote (optional)

Für die Vinaigrette
2 EL Sesamöl
Saft von 1 Limette
1 EL Agavensirup
1 EL helle Sojasauce
1 TL Knoblauchpaste
1 TL frischer Ingwer, gerieben
Salz, Pfeffer

Zum Garnieren
1 Handvoll geröstete Erdnüsse
1 Handvoll frische Minze, gehackt
1 Handvoll frischer Koriander, gehackt

1 Die Okraschoten waschen und die Stiele entfernen. Der Länge nach halbieren. Die Okraschoten in eine Pfanne mit Olivenöl geben, salzen und pfeffern, eine Prise Kreuzkümmel hinzugeben und auf jeder Seite etwa 5 Minuten goldbraun anbraten. Beiseitestellen.

2 Die Kochbanane schälen und in 1 cm dicke Scheiben schneiden. Die Bananenscheiben mit Salz und Paprikapulver bestreuen. Dann in einer Pfanne mit Kokosöl ca. 2 Minuten auf jeder Seite anbraten (bis sie karamellisiert sind). Zur Seite stellen.

3 Den Reis abspülen und in einen Topf geben. Mit 100 ml kochendem Wasser übergießen. Salz hinzufügen, kurz umrühren und so lange kochen (ca. 10 Minuten), bis das Wasser vollständig aufgenommen ist.

4 Die Avocado halbieren, den Kern entfernen, das Fruchtfleisch mit einem Löffel herauslösen und in Spalten schneiden. Die Rote Bete in Würfel schneiden. Die Chili waschen, entkernen, in Ringe schneiden und beiseitestellen.

5 Für die Vinaigrette Sesamöl, Limettensaft, Agavensirup, Sojasauce, Knoblauch und Ingwer in eine Schüssel geben und verrühren, bis eine Emulsion entsteht. Salzen und pfeffern nach Geschmack.

6 Zum Anrichten den Reis in einen tiefen Teller geben. Mit dem Gemüse garnieren.

7 Mit dem Dressing beträufeln, die Chiliringe hinzugeben und kurz vor dem Servieren die Bowl mit Erdnüssen und Kräutern garnieren.

Kleine Notiz am Rande ...

Bei Bowls sind der Fantasie keine Grenzen gesetzt. Fügen Sie die Zutaten hinzu, die Ihnen Freude bereiten und auf die Sie gerade Lust haben. Sie können weißen Reis durch Vollkornreis oder ein Getreide Ihrer Wahl ersetzen. Bei diesem Gericht ist die Schale fast genauso wichtig ist wie der Inhalt. Bei mir ist es eine Kalebasse, ein Gefäß aus Kürbis, das seit jeher in Afrika verwendet wird. Sie hat spirituelle und emotionale Symbolkraft.

Zubereitung: **25 Minuten**

Kochzeit: **30 Minuten**

Zubereitung: **15 Minuten** Kochzeit: **50 Minuten**

KEY SIR ALICHA

(Wurzelgemüse-Kartoffel-Eintopf aus Äthiopien)

FÜR 4 PERSONEN

1 Zwiebel
2 Knoblauchzehen
2 EL Rapsöl
1½ TL frischer Ingwer, gerieben
½ TL Bockshornklee (optional)
1 TL Senfkörner
800 g Rüben und Beten nach Wahl
4 große Kartoffeln (ca. 1,3 kg)
1 Spritzer Zitronensaft
½ Bund frischer Koriander, gehackt
Salz, Pfeffer

1 Die Zwiebel klein schneiden und den Knoblauch fein hacken. Die Zwiebel in einem Topf mit Rapsöl bei mittlerer Hitze anschwitzen, bis sie weich und glasig ist (etwa 5–10 Minuten). Knoblauch, Ingwer, Bockshornklee und Senfkörner hinzugeben. 1 Minute lang umrühren.

2 Die Rüben oder Beten in große Würfel schneiden und hinzugeben. Mit 250 ml Wasser aufgießen, zum Kochen bringen und mit Salz, Pfeffer würzen. Zugedeckt bei schwacher Hitze 20–25 Minuten köcheln lassen, dabei gelegentlich umrühren.

3 In der Zwischenzeit die Kartoffeln schälen, waschen und in Würfel schneiden. In den Topf geben und zusammen mit den anderen Zutaten zugedeckt weitere 15 Minuten kochen, bis die Rüben, Beten und Kartoffeln weich sind, ohne dass sie zerfallen.

4 Nach Geschmack würzen.

5 Vor dem Servieren mit Zitronensaft beträufeln und mit gehacktem Koriander bestreuen.

Kleine Notiz am Rande …

Key Sir Alicha ist ein sehr einfaches und gesundes äthiopisches Gericht. Es kann mit Injera als Beilage oder allein als leichte Mahlzeit gegessen werden.

IRIO

(Kartoffelpüree mit Erbsen und Mais)

FÜR 4 PERSONEN

5 große Kartoffeln (ca. 1,5 kg)
1 kleine Dose Erbsen (250 g)
1 kleine Dose Mais (250 g)
Salz, Pfeffer

1 Die Kartoffeln schälen, waschen und in große Würfel schneiden. In einen Topf geben, mit Wasser bedecken, Salz zugeben und 15 Minuten kochen. Die Kartoffeln sind gar, wenn sie sich mit einem spitzen Messer leicht einstechen lassen.

2 Mais und Erbsen abspülen, abtropfen lassen und jeweils in eine Schüssel geben, beiseitestellen.

3 Die Kartoffeln, wenn sie gar sind, abschütten, dabei 2 EL Kochwasser zurückbehalten.

4 Kartoffeln und Erbsen mit einem Kartoffelstampfer zerdrücken, dann den Mais sowie 1–2 EL Kartoffelkochwasser dazugeben. Mit Salz und Pfeffer abschmecken. Heiß servieren.

Kleine Notiz am Rande …

Das Wort Irio bedeutet bei den Kikuyu in Kenia »Essen«. Dieses einfache Gericht ist in Kenia sehr beliebt.

Zubereitung: **10 Minuten** Kochzeit: **15 Minuten**

Zubereitung: **30 Minuten** Kochzeit: **15 Minuten**

ETOR

(Bananenpüree aus Ghana)

FÜR 4 PERSONEN

4 reife Kochbananen
1 Zwiebel
2 EL Rapsöl
4 Schalotten
1 rote Chilischote (Habanero oder milder)
60 g Erdnussbutter
50 g Erdnüsse
Salz

Für die Garnitur
1 Avocado
1 Frühlingszwiebel
1 Handvoll geröstete Erdnüsse

1 Die Kochbananen schälen und in Stücke schneiden. In einen Topf geben, mit Wasser bedecken, Salz hinzufügen und 10 Minuten kochen.

2 In der Zwischenzeit die eine Hälfte der Zwiebel klein schneiden. In einer Pfanne mit Öl etwa 3 Minuten anbraten und dann beiseitestellen.

3 Die andere Hälfte der Zwiebel, Schalotten und Chili pürieren, bis eine homogene Paste entsteht.

4 Wenn die Kochbananen gar sind, das Wasser abgießen und die Bananen mit einem Kartoffelstampfer zerdrücken.

5 Zum Bananenpüree die Zwiebel-Schalotten-Chili-Paste hinzufügen und gut durchrühren. Erdnussbutter und Erdnüsse hinzugeben und wieder zerdrücken. Die Erdnüsse sollten aber nicht vollständig zermahlen werden. Salzen, durchmischen und zu einer Kugel geformt auf einem Teller anrichten.

6 Die Avocado schälen, halbieren und in Spalten schneiden, die Frühlingszwiebel klein hacken.

7 Zum Anrichten die angebratenen Zwiebeln auf der Kochbananenkugel, die Avocadospalten daneben platzieren. Mit einer Handvoll gehackten Frühlingszwiebeln und einigen gerösteten Erdnüssen garnieren und sofort genießen.

Tipp

Wenn Sie weniger Süße mögen, ersetzen Sie die reife Kochbanane durch eine grüne Kochbanane oder eine Yamswurzel.

REIS-
GERICHTE

Zubereitung: **15 Minuten**

Kochzeit: **30 Minuten**

REIS MIT FADENNUDELN, SPINAT UND CASHEWKERNEN

FÜR 4 PERSONEN

1 große Handvoll Cashewkerne
250 g Basmatireis
2 Knoblauchzehen
3 Frühlingszwiebeln
4 EL Olivenöl
100 g Fadennudeln
1 TL frischer Ingwer, gerieben (oder als Pulver)
2 TL Currypulver
1 TL Kokosblütenzucker
2 TL Gemüsebrühe
400 g Spinat
2 EL frische Petersilie, gehackt

1 In einer beschichteten Pfanne die Cashewnüsse ohne Zugabe von Fett etwa 2 Minuten leicht rösten. Zur Seite stellen.

2 Den Reis mit kaltem Wasser gründlich abspülen, um die überschüssige Stärke zu entfernen, gut abtropfen lassen und beiseitestellen.

3 Knoblauch und Frühlingszwiebeln samt Grün klein hacken. Das Öl in einer Pfanne mit hohem Rand erhitzen. Knoblauch und Zwiebeln im heißen Öl etwa 8 Minuten glasig anbraten.

4 Reis, Fadennudeln, Ingwer, Curry, Zucker und Gemüsebrühe hinzugeben und alles gut verrühren. Mit kochendem Wasser aufgießen (zwei Teile Wasser auf einen Teil Reis). Zugedeckt bei starker Hitze 3 Minuten kochen, dann die Hitze reduzieren und etwa 7 Minuten weiter kochen. Der Reis nimmt das Wasser nach und nach auf.

5 Spinat und Petersilie 5 Minuten vor Ende der Kochzeit zugeben und untermischen. Die gerösteten Cashewkerne erst kurz vor dem Servieren darüberstreuen, damit sie knackig bleiben.

Kleine Notiz am Rande ...

Reis mit Fadennudeln ist ein Gericht libanesischen Ursprungs, das in die westafrikanische Küche übernommen wurde. Dieses Rezept habe ich von meiner Mutter gelernt. Ich habe Spinat hinzugefügt, um ein vollwertiges Gericht daraus zu machen.

REIS MIT GRÜNEN LINSEN UND ZWIEBELN

FÜR 4 PERSONEN

1 große Zwiebel
2 Knoblauchzehen
2 EL Kokosöl
1 TL Zucker
1 TL Ingwerpulver
2 TL Currypulver
1 TL Muskatnuss, gerieben
1 EL gemahlener Koriander
250 g gegarte grüne Linsen
200 g Langkornreis
Salz, Pfeffer

1 Zwiebel und Knoblauch schälen und klein schneiden. Die Zwiebel in einem Topf mit heißem Kokosöl etwa 8 Minuten anbraten. Wenn die Zwiebel glasig ist, Knoblauch, Zucker und Gewürze hinzugeben. Alles bei schwacher Hitze 2 Minuten köcheln lassen, dabei regelmäßig umrühren. Die abgespülten Linsen hinzugeben und gut durchmischen. Zur Seite stellen.

2 Den Reis in einen Topf mit kochendem Salzwasser geben (etwa anderthalb Mal so viel Wasser wie Reis). Zugedeckt bei schwacher Hitze etwa 15 Minuten kochen. Der Reis nimmt das Wasser nach und nach auf.

3 Wenn der Reis gar ist, die Zwiebel-Linsen-Mischung hinzufügen. Nach Geschmack mit Salz und Pfeffer würzen.

Tipp

Um aus diesem Reisgericht eine vollwertige Mahlzeit zu machen, empfehle ich Ihnen, es mit Gemüse, goldbraun gebackenen Kochbananen und Avocadospalten zu servieren. Köstlich!

Zubereitung: **5 Minuten** Kochzeit: **25 Minuten**

GEELRYS

(Südafrikanischer gelber Reis mit Rosinen)

FÜR 4 PERSONEN

200 g Basmatireis
2 EL Pflanzenöl
1 EL brauner Zucker
1 TL gemahlene Kurkuma
1 TL gemahlener Zimt
1 Sternanis
1 TL Koriandersamen
1 TL Knoblauchpulver
100 g Rosinen
Salz, Pfeffer

1 Den Reis in eine Schüssel geben und mit Wasser bedecken. Mit den Händen umrühren und dabei die Reiskörner aneinanderreiben. Dann den Reis abtropfen lassen. Dies mehrmals wiederholen, bis das Wasser klar ist. Dadurch wird überschüssige Stärke ausgeschwemmt und der Reis gleichzeitig gewaschen.

2 Anschließend den Reis mit Öl, Zucker, Kurkuma, Zimt, Sternanis, Koriander, Knoblauchpulver und Rosinen in einen Topf geben.

3 Etwa 500 ml Wasser hinzugeben und nach Belieben salzen und pfeffern. Gut umrühren, den Topf zudecken und alles zum Kochen bringen. Die Hitze reduzieren und für 10 Minuten köcheln lassen (oder bis das Wasser aufgesogen ist).

Kleine Notiz am Rande ...

Dieses süßlich duftende Reisgericht kommt aus dem Süden Afrikas. Es ist eine klassische Beilage zum Bobotie (Seite 114).

Zubereitung: **5 Minuten** Kochzeit: **15 Minuten**

JOLLOF-REIS

FÜR 4 PERSONEN

ZUBEREITUNG: 15 MINUTEN • KOCHZEIT: 1 STUNDE 5 MINUTEN

1 mittelgroße Zwiebel
2 mittelgroße Tomaten
1 rote Paprikaschote
1 Chilischote
(Habanero oder milder)
2 EL Olivenöl
3 Knoblauchzehen
1 TL frischer Ingwer, gerieben
1 TL geräuchertes Paprikapulver
1 EL Currypulver
1 TL getrockneter Thymian
1 TL getrockneter Rosmarin
2 Lorbeerblätter
380 g Vollkornreis
475 ml Gemüsebrühe
Salz, Pfeffer

1 Die Zwiebel schälen und halbieren. Eine Hälfte grob zerteilen. Tomaten, Paprika und Chili waschen, entkernen und in große Stücke schneiden, dann zusammen mit der zerteilten Zwiebelhälfte zu einer homogenen Paste pürieren. Zur Seite stellen.

2 Die andere Hälfte der Zwiebel klein hacken und mit Olivenöl in einem mittelgroßen Topf etwa 3 Minuten anschwitzen, bis sie glasig ist.

3 Die Knoblauchzehen klein schneiden und mit in den Topf geben, ebenso den geriebenen Ingwer. Kurz umrühren, dann Paprikapulver, Curry, Thymian, Rosmarin und Lorbeerblätter hinzufügen. Erneut umrühren. Jetzt die Paste zugeben. Umrühren, nach Vorliebe pfeffern und salzen und zugedeckt bei mittlerer Hitze 10 Minuten köcheln lassen.

4 Den Reis einstreuen und mit Gemüsebrühe aufgießen. Gut umrühren, bis die Paste gut untergemischt ist. Bei schwacher Hitze zugedeckt ca. 40 Minuten kochen.

5 Den Herd ausschalten und den Topf für 10 Minuten auf der Herdplatte stehen lassen, dann ist das Gericht gar.

Tipp

Um den Reis optimal zu garen, empfiehlt es sich, zwischen Topf und Deckel ein Blatt Backpapier einzulegen. Das hält den Dampf im Topf.

Kleine Notiz am Rande ...

Zwischen Ghana und Nigeria besteht eine kleine Rivalität, was dieses Gericht betrifft: Beide Länder behaupten, ihre Version sei die bessere. Wahrscheinlich kommt das Rezept aber aus dem Senegal.

PILAU-REIS

FÜR 4 PERSONEN

ZUBEREITUNG: 10 MINUTEN • KOCHZEIT: 30 MINUTEN

1 Zwiebel
2 Knoblauchzehen
2 Tomaten
1 rote Chilischote (Peperoni)
1 rote Paprikaschote
2 EL Pflanzenöl
½ TL geräuchertes Paprikapulver
1 TL Currypulver
1 TL gemahlener Kreuzkümmel
½ TL Kardamom
1 Sternanis
1 Zimtstange
1 Lorbeerblatt
½ TL weißer Pfeffer
1 TL frischer Ingwer, gerieben
300 g Basmatireis
350 ml Gemüsebrühe
250 ml Kokosmilch
100 g Cashewkerne
Salz, Pfeffer

1 Zwiebel und Knoblauchzehen klein hacken. Tomaten, Peperoni und Paprika waschen und entkernen.

2 Das Öl in einem Topf erhitzen, Paprikapulver, Curry, Kreuzkümmel, Kardamom, Sternanis, Zimtstange, Lorbeerblatt und weißen Pfeffer hinzugeben und kurz umrühren. Knoblauch, Ingwer, Peperoni und Zwiebel hinzufügen und umrühren. 1 Minute anbraten.

3 Dann Tomaten und Paprika hinzugeben und 3 Minuten lang gut umrühren.

4 Den Reis hinzufügen und etwa 2 Minuten mitbraten. Dann die Gemüsebrühe und die Kokosmilch hinzugießen. Mit Salz und Pfeffer würzen und alles zum Kochen bringen. Die Hitze reduzieren und den Reis etwa 20 Minuten zugedeckt kochen lassen.

5 Nach der Hälfte der Kochzeit eventuell Wasser oder Brühe nachgießen, umrühren und zugedeckt weiter köcheln lassen.

6 Zimtstange, Sternanis und Lorbeerblatt herausnehmen. Mit Cashewkernen bestreuen und vor dem Servieren untermischen.

Kleine Notiz am Rande ...

Pilau-Reis ist ein Gericht, das in Ostafrika sehr beliebt ist, seinen Ursprung aber in Indien hat.

ATASSI

(Reis-Bohnen-Gericht aus Benin)

FÜR 6 PERSONEN

250 g Augenbohnen
600 g Parboiled Reis
1 TL gemahlener Kreuzkümmel
½ TL getrockneter Koriander
½ TL Paprikapulver edelsüß
1½ EL Natron
Salz

1 Die Bohnen über Nacht oder für mindestens 8 Stunden in Wasser einweichen. Anschließend abspülen und abtropfen lassen.

2 Die Bohnen in einen großen Topf geben und ca. 20 Minuten in 1,2 l Wasser bei mittlerer Hitze kochen. Den Deckel nicht fest auflegen, damit das Wasser nicht überkocht.

3 Wenn die Bohnen weich sind, Reis, Gewürze und etwas Salz hinzufügen. Das Natron hinzugeben und gut durchmischen. Kochen, bis der Reis das Wasser komplett aufgenommen hat (ca. 5 Minuten).

4 Den Topf 20 Minuten lang auf der ausgeschalteten Herdplatte stehen lassen. Ab und zu umrühren, so gart der Reis gleichmäßiger. Wenn nötig, etwas heißes Wasser nachgießen, damit er nicht anklebt.

Tipp

Statt der Augenbohnen können Sie auch Kidneybohnen verwenden.

Zubereitung: **5 Minuten** Einweichzeit: **8 Stunden** Kochzeit: **45 Minuten**

DESSERTS

KALTE MANGOSUPPE MIT BASILIKUM

FÜR 4 PERSONEN

ZUBEREITUNG: 10 MINUTEN • OHNE KOCHEN

1 Bio-Limette
500 g gefrorene Mangowürfel
5 Basilikumblätter
3 Minzeblätter
1 Päckchen Vanillezucker

1 Die Schale der Limette abreiben und den Saft auspressen.

2 Limettensaft, die noch gefrorenen Mangowürfel, Basilikum, Minze, Vanillezucker und 1 TL Limettenschale in einem Mixer pürieren, bis eine cremige Masse entsteht.

Tipp

Um Ihren eigenen Vanillezucker herzustellen, geben Sie einfach eine Vanilleschote in ein luftdicht verschlossenes Glas mit Zucker. Einfach und praktisch!

MANGOKOMPOTT MIT CHILI

FÜR 2 PERSONEN

ZUBEREITUNG: 10 MINUTEN • KOCHZEIT: 10 MINUTEN

1 reife Mango
1 kleine Prise Chiliflocken
50 g Kokosblütenzucker
Saft von 1 Limette
1 TL Vanilleextrakt
(oder das Mark von 1 Vanilleschote oder ½ Päckchen gemahlene Bourbon-Vanille)

1 Die Mango schälen und in große Stücke schneiden.

2 Die Mangostücke in einen Topf geben, Zucker, Limettensaft, 60 ml Wasser, Chili und Vanille hinzufügen. Bei schwacher Hitze 10 Minuten köcheln. Regelmäßig umrühren, damit nichts anklebt.

3 Das Kompott abkühlen lassen und lauwarm oder gekühlt genießen.

Tipp

Dieses Kompott ist kinderleicht zuzubereiten und ein vergleichsweise gesunder Nachtisch. Es ist auch eine gute Verwertungsmöglichkeit für überreife Früchte. Das Mangokompott schmeckt zusammen mit einem Kokosjoghurt toll.

Zubereitung: **15 Minuten**

Kühlzeit: **3 Stunden–1 Nacht**

SCHOKOLADENMOUSSE

FÜR 4 PERSONEN

Für die Creme
45 g Zartbitterschokolade
2 mittelgroße, reife Avocados
65 ml Kokosmilch
85 ml Agavensirup
30 g ungesüßtes Kakaopulver
2 TL Vanilleextrakt (oder das Mark von 2 Vanilleschoten oder 1 Päckchen gemahlene Bourbon-Vanille)
1 Prise Fleur de Sel

Für die Dekoration
Kokoschips, frische Früchte oder Granola (nach Belieben)

1 Die Schokolade im Wasserbad schmelzen. Regelmäßig mit einem Holzlöffel umrühren. Die geschmolzene Schokolade 5 Minuten abkühlen lassen. Darauf achten, dass sie nicht hart wird.

2 Das Fruchtfleisch der Avocados, Kokosmilch, Agavensirup, Kakaopulver, Vanille und eine Prise Salz in einen Mixer geben. Pürieren, bis eine cremige, glatte Textur entsteht. In kleine Gläser oder Dessertschälchen füllen.

3 Mindestens für 3 Stunden kühl stellen oder besser über Nacht.

4 Vor dem Servieren nach Belieben mit Kokoschips, frischen Früchten oder Granola dekorieren.

Kleine Notiz am Rande ...

Die Elfenbeinküste ist der weltweit größte Kakaoproduzent. Es ist sehr wahrscheinlich, dass Ihr Kakao für dieses Rezept aus meiner Heimat kommt. Legen Sie beim Einkauf Wert auf Kakao und Schokolade aus fairem Handel, um die einheimischen Bauern zu unterstützen. Für mich ist das ein ganz besonderes Anliegen, denn die meisten Menschen in dem Dorf im Zentrum der Elfenbeinküste, aus dem meine Mutter stammt, sind im Kakaoanbau beschäftigt.

KOKOSMILCHREIS

FÜR 4 PERSONEN

100 g Rundkornreis (Milchreis)
1 l Kokosmilch
50 g Kokosblütenzucker
1 TL Muskatnuss, gerieben
1 Vanilleschote
1 Prise Salz

Für die Dekoration
frische Früchte, Sultaninen, Mandelblättchen, Kokosraspel (nach Belieben)

1 Kokosmilch, Zucker, Muskat, die aufgeschlitzte Vanilleschote und Salz in einen Topf geben.

2 Den Reis hinzufügen, umrühren und alles bei geringer Hitze 35 Minuten lang kochen. Regelmäßig umrühren, damit der Reis nicht am Topf anklebt.

3 Vor dem Servieren vollständig abkühlen lassen. Nach Belieben mit frischen Früchten, Sultaninen, Mandelblättchen oder Kokosraspel garnieren.

Kleine Notiz am Rande ...

Ich war früher kein Fan von Milchreis. Als Kind schmollte ich, wenn meine Mutter für uns Milchreis kochte. Ich mochte die Konsistenz nicht und die Milch habe ich nur schlecht vertragen. Aber das war früher! Hier stelle ich Ihnen ein Rezept für Reis mit Kokosmilch vor, das mich mit dem Milchreis von damals versöhnt hat.

Zubereitung: **5 Minuten** Kühlzeit: **1 Stunde** Kochzeit: **35 Minuten**

Zubereitung: **10 Minuten**

ohne Kochen

BANANEN-ERDNUSS-EIS

FÜR 2 PERSONEN

2 reife Bananen, tiefgefroren
1 EL Erdnussbutter
100 ml pflanzliche Milch (Kokos, Mandel oder Soja)

1 Die gefrorenen Bananenstücke und die Erdnussbutter in einen Mixer geben und pürieren.

2 Nach und nach die pflanzliche Milch hinzugießen und mixen, bis eine feste, cremige Textur entsteht.

Tipp

Lassen Sie Ihrer Fantasie freien Lauf: rote Früchte, geröstete Kokoschips, Schokostreusel … Dieses köstliche Dessert kann man wunderbar garnieren!

Kleine Notiz am Rande …

Das Rezept ist eine Erinnerung an eine besondere Köstlichkeit meiner Kindheit: gefrorener Joghurt auf einem Holzstäbchen. Ich habe es geliebt, obwohl ich es wegen der Milch nicht gut vertragen habe. Mit diesem einfachen Rezept werden Kindheitserinnerungen wach, und das ganz ohne Milch.

KOKOS-ZITRONENGRAS-MUFFINS

FÜR 9 STÜCK • ZUBEREITUNG: 10 MINUTEN • BACKZEIT: 25 MINUTEN

100 ml Kokosöl
160 g Kokosblütenzucker
130 ml Mandelmilch
1 TL Vanilleextrakt
 (oder das Mark von 1 Vanilleschote oder ½ Päckchen gemahlene Bourbon-Vanille)
1 TL Zitronengras, gehackt
1 TL Limettenschale, gerieben
50 g Kokosraspel
200 g Weizenmehl
3 TL Backpulver

1 Den Backofen auf 180 °C vorheizen.

2 Kokosöl und Kokosblütenzucker in einer Schüssel mit dem Schneebesen aufschlagen. Mandelmilch, Vanille, Zitronengras, Limettenschale und Kokosraspel hinzufügen und gut verquirlen.

3 Mehl mit Backpulver vermischen und unterrühren. Rühren, bis ein homogener Teig entsteht.

4 Die Muffinförmchen einfetten und zu drei Vierteln mit Teig befüllen. Für 25 Minuten im Ofen backen. Lauwarm oder kalt genießen.

Tipp

Vor dem Backen eine Rippe weiße vegane Schokolade in die Mitte jedes Muffins geben!

KAKAO-INGWER-MUFFINS

FÜR 8 STÜCK • ZUBEREITUNG: 10 MINUTEN • BACKZEIT: 25 MINUTEN

150 g Kokosöl
160 g Kokosblütenzucker
150 ml pflanzliche Milch
1 TL Vanilleextrakt
 (oder das Mark von 1 Vanilleschote oder ½ Päckchen gemahlene Bourbon-Vanille)
75 g ungesüßtes Kakaopulver
150 g kandierter Ingwer
210 g Weizenmehl
2 TL Backpulver
2 TL Natron
2 TL Apfelessig

1 Den Backofen auf 180 °C vorheizen.

2 In einer Schüssel Kokosöl (vorher etwas erwärmen) und Kokosblütenzucker vermischen. Pflanzliche Milch, Vanille, Kakao und den zerkleinerten kandierten Ingwer hinzufügen. Alles gut durchmischen.

3 Mehl, Backpulver, Natron und Apfelessig einrühren. Umrühren, bis ein homogener Teig entsteht.

4 Die Muffinförmchen einfetten und zu drei Vierteln mit Teig befüllen. Für 25 Minuten im Ofen backen.

Kleine Notiz am Rande ...

Ingwer und Schokolade, eine Kombination, die ich liebe!
Diese Muffins schmecken köstlich mit einem Glas Cashewmilch (Seite 162).

Kakao-Ingwer-Muffins

ERDNUSS-COOKIES MIT DATTELN

FÜR 12 STÜCK

200 g Weizenmehl
100 g Kokosblütenzucker
1 TL Natron
120 g Erdnussbutter
110 ml pflanzliche Milch
1 TL Vanilleextrakt
(oder das Mark von 1 Vanilleschote oder ½ Päckchen gemahlene Bourbon-Vanille)
50 g Erdnüsse
50 g Datteln
1 Prise Fleur de Sel

1 Mehl, Zucker, Natron und Salz in eine Schüssel geben und vermischen. In der Mitte eine Mulde formen und Erdnussbutter, pflanzliche Milch und Vanille hineingeben. Die Zutaten zu einem Teig verkneten.

2 Die Erdnüsse rösten. Erdnüsse und Datteln grob hacken und gleichmäßig unter die Teigmasse mischen. Umrühren, bis ein homogener, leicht kompakter Teig entsteht.

3 Den Teig für mindestens 15 Minuten in den Kühlschrank stellen. Den Backofen auf 200 °C vorheizen.

4 Aus dem Teig kleine Kugeln formen und auf ein mit Backpapier ausgelegtes Blech legen. Die Kugeln ein wenig flach drücken und für 10 Minuten im Ofen backen. Die Cookies sollten leicht gebräunt, aber nicht dunkel sein. Beim Abkühlen werden sie etwas fester.

Kleine Notiz am Rande ...

Das Erste, was ich als Kind backen konnte, waren Kekse. Diese hier schmecken durch die Datteln und die Erdnüsse nach dem Sahel.

Zubereitung: **25 Minuten** Kühlzeit: **15 Minuten** Backzeit: **10 Minuten**

Zubereitung: **10 Minuten** Backzeit: **2 Minuten pro Stück**

KOCHBANANEN-PANCAKES

FÜR 8 STÜCK

1 reife Kochbanane
150 g Weizenmehl
1 TL Backpulver
100 ml Mandelmilch
(oder Hafermilch)
1 EL Kokosöl

1 In einer Schüssel die Kochbanane mit einer Gabel zerdrücken. Mehl und Backpulver vermischen und mit der zerdrückten Banane vermengen.

2 Nach und nach Mandelmilch und Kokosöl hinzufügen und alles gut verrühren. Es entsteht ein eher zäher Teig.

3 In eine heiße beschichtete Pfanne zwei Esslöffel Pancaketeig geben. Auf beiden Seiten 1 Minute lang backen, bis der Pancake eine goldbraune Farbe hat. Wenden, sobald sich an der Oberfläche Bläschen bilden.

Tipp

Die Pancakes schmecken am besten lauwarm mit Kokosblütenzucker bestreut oder mit etwas Erdnussbutter bestrichen.

FRENCH TOAST MIT KOKOS UND LIMETTE

FÜR 4 PERSONEN

250 ml Kokosmilch
1 Bio-Limette (Saft und Schale)
1 Päckchen Vanillezucker
1 Prise Muskatnuss
2 TL Kokosblütenzucker
1 EL Kokosöl
8 Scheiben vegane Brioches, alternativ veganes Toastbrot

1 In einer größeren Schale Kokosmilch, Limettensaft, Vanillezucker, Muskat und die Hälfte des Kokosblütenzuckers verquirlen.

2 Das Kokosöl in einer beschichteten Pfanne erhitzen. Die Briochescheiben in die Kokosmilchmischung tauchen, kurz abtropfen lassen und anschließend in der Pfanne goldbraun backen, jede Seite etwa 2–3 Minuten. Die Brioche nach der Hälfte der Backzeit vor dem Umdrehen mit Kokosblütenzucker bestreuen.

3 Mit Limettenschale garnieren und lauwarm genießen.

Tipp

Sie können dieses Rezept auch mit übrig gebliebenem Pain Sucré (Seite 27) oder Pain de Coco (Seite 29) zubereiten. Eine Kugel Kokossorbet passt herrlich dazu.

Zubereitung: **5 Minuten** Backzeit: **6 Minuten pro Pfanne**

GETRÄNKE

CASHEWMILCH MIT DATTELN

FÜR 0,6 L

100 g Cashewkerne
5 Datteln
1 Prise Muskat
1 Prise Salz

1 Die Cashewkerne über Nacht in 600 ml Wasser einweichen.

2 Die Cashewkerne aus dem Einweichwasser nehmen, abspülen und in einen Mixer geben. 600 ml frisches Wasser, die entsteinten Datteln, Muskat und Salz hinzufügen. Auf höchster Stufe mixen, bis eine homogene Mischung entsteht. Die Flüssigkeit durch ein Passiertuch oder ein feines Sieb filtern.

3 Idealerweise sehr kühl servieren. Die Cashewmilch kann in einem gut verschlossenen Gefäß 2 Tage im Kühlschrank aufbewahrt werden.

Kleine Notiz am Rande ...

Die Elfenbeinküste ist einer der größten Produzenten von Cashewkernen.

Zubereitung: **10 Minuten** Einweichzeit: **1 Nacht** **ohne Kochen**

Zubereitung: **10 Minuten** Kochzeit: **10 Minuten**

GEWÜRZSCHOKOLADE

FÜR 2 PERSONEN

500 ml Reismilch
30 g Zartbitterschokolade
100 ml Kokosmilch
1 EL Kokosblütenzucker (oder brauner Zucker)
1 Prise Quatre-Épices-Gewürzmischung (weißer Pfeffer, Ingwer, Muskat, Gewürznelke)

1 Die Reismilch in einem Topf zum Kochen bringen.

2 Die Schokolade in kleine Stücke brechen.

3 Wenn die Milch kocht, die Hitze reduzieren und Schokoladenstücke, Zucker und Gewürze hinzugeben. Alles gut verrühren, bis die Schokolade vollständig geschmolzen ist. Dann die Kokosmilch hinzufügen und erneut verquirlen.

Tipp

Dieses Getränk ist ein echter Seelentröster. Sie können es heiß oder auch kalt und zu jeder Jahreszeit genießen.

KOKOS-MANGO-MILCHSHAKE

FÜR 2 PERSONEN

1 Vanilleschote
500 ml Kokosmilch
4 EL Kokossorbet
500 g Mangofruchtfleisch
1 Prise Ingwerpulver

1 Das Mark aus der Vanilleschote auskratzen und mit den übrigen Zutaten in einem Standmixer auf höchster Stufe 2 Minuten mixen.

2 In hübschen Gläsern servieren und sofort genießen.

Kleine Notiz am Rande …

Dieses Rezept ist eine weitere Hommage an das Joghurt-Eis meiner Kindheit. Sie können die Mango auch durch saisonale Früchte ersetzen.

BASILIKUM-BISSAP

(Hibiskuseistee mit Basilikum)

FÜR 4 PERSONEN

1 Tasse Hibiskusblüten (Bissap)
1 Bund frischer Basilikum
50–80 g Vollrohrzucker
(oder Kokosblütenzucker)
1 Päckchen Vanillezucker
1 Prise Muskat

1 Die Hibiskusblüten abspülen und abtropfen lassen. 1,5 l Wasser in einem Topf zum Kochen bringen, die Blüten hineingeben und 20 Minuten kochen.

2 Vom Herd nehmen und die frischen Basilikumblätter hinzufügen. Das Getränk abkühlen lassen und anschließend filtern.

3 Zucker, Vanillezucker und Muskat hinzugeben und alles gut umrühren.

4 Für mindestens 3 Stunden in den Kühlschrank stellen. Sehr kühl mit Basilikumblättern garniert servieren.

Kleine Notiz am Rande ...

Bissap oder Hibiskussaft ist ein Getränk, das auf der Basis von getrockneten Hibiskusblüten (Hibiscus sabdariffa) hergestellt wird. In manchen Gegenden wird der Bissap auch Rosella genannt. Dieses Getränk hat mich meine ganze Kindheit über begleitet. Es ist sehr beliebt in ganz Westafrika und wurde erst in jüngster Zeit von industriell hergestellten Getränken verdrängt. Dennoch gibt es auch heute noch kein Fest ohne Bissap. In jeder Region und sogar von Familie zu Familie wird er mit unterschiedlichen Aromen zubereitet. Er schmeckt auch köstlich mit einem Schuss Ingwersaft, Vanille, Minze oder Ananassaft.

Zubereitung: **5 Minuten** Kühlzeit: **3 Stunden 30 Minuten** Kochzeit: **20 Minuten**

Zubereitung: **5 Minuten** Kühlzeit: **2 Stunden 30 Minuten** Kochzeit: **5 Minuten**

ZITRONENGRAS-LIMONADE

FÜR 4 PERSONEN

4 Bio-Zitronen
2 Bio-Limetten
1 Stängel frisches Zitronengras
50 g Vollrohrzucker
(oder Kokosblütenzucker)
einige Minzeblätter

1 Von den 4 Zitronen 2 in Scheiben schneiden und beiseitestellen. Die beiden Limetten und die übrigen Zitronen auspressen.

2 Die Zitronenscheiben und das Zitronengras in einen Topf geben, mit 2 l Wasser aufgießen, alles zum Kochen bringen. Anschließend vom Herd nehmen und vollständig abkühlen lassen.

3 Abseihen und Zitronensaft, Limettensaft und Zucker hinzugeben. Vermischen und mindestens für 2 Stunden kühl stellen.

4 Vor dem Servieren mit einigen Minzeblättern auffrischen. Gut gekühlt genießen.

Kleine Notiz am Rande ...

Bei diesem erfrischenden Getränk spielt das Zitronengras eine kleine, aber wichtige Nebenrolle. Man kann das Süßgras aber auch verwenden, um einen wohltuenden Tee herzustellen. Kräutertees gehören seit meiner Kindheit zu meinen ständigen Begleitern. Sei es, um Trost zu spenden oder kleine Wehwehchen zu heilen. Meine Mutter hat mir die Leidenschaft für diese Hausmittel mitgegeben. Zitronengras nimmt bei mir einen ganz besonderen Platz ein, denn es wuchs in unserem Garten in der Elfenbeinküste. Heute bewahre ich die langen, zusammengerollten Blätter in Bündeln in einem Glasgefäß auf. Sommers wie winters, heiß oder kalt, trinke ich den Tee, um Verdauungsbeschwerden zu lindern.

KINKÉLIBA-EISTEE MIT MINZE

FÜR 4 PERSONEN

30 g getrocknete Kinkéliba-Blätter
1 l kochendes Wasser
einige Zweige Minze

1. Die Kinkéliba-Blätter mit 1 l kochendem Wasser aufgießen. 10 Minuten ziehen lassen, danach abseihen. Vollständig abkühlen lassen und für mindestens 2 Stunden in den Kühlschrank stellen.
2. Vor dem Servieren mit Minzeblättern garnieren.

Kleine Notiz am Rande ...

Unter all den Kräutertees gibt es einen, den ich ganz besonders mag: Kinkéliba. Kinkéliba wird auch als »Tee des langen Lebens« bezeichnet und ist Teil der traditionellen Heilmittel Westafrikas. Die Pflanze wird wegen ihrer entzündungshemmenden und antibakteriellen Eigenschaften geschätzt. Ich liebe den Duft, der meine Küche erfüllt, wenn ich die trockenen Blätter ins kochende Wasser streue. Es gehört zu meinen schönsten Ritualen, mir eine gute heiße Tasse davon zuzubereiten oder im Sommer einen Eistee.

Ziehzeit: **10 Minuten** Kühlzeit: **2 Stunden**

MENÜVORSCHLÄGE

Hier finden Sie einige Zusammenstellungen für kleine und große Anlässe!

FÜR EIN ROMANTISCHES ABENDESSEN

Gebratene Auberginen mit Tamarindenpaste (Seite 57)
Risotto mit Avocado (Seite 98)
Kakao-Ingwer-Muffins (Seite 152)
Basilikum-Bissap (Seite 168)

FÜR EINEN GEMÜTLICHEN SONNTAGSBRUNCH

Mangosalat mit Avocado und Radieschen (Seite 63)
Gebratener Blumenkohl mit Erdnuss-Ingwer-Sauce (Seite 70)
Kochbananenpancakes (Seite 157)
Pain de Coco (Seite 29)
Gewürzschokolade (Seite 165)

FÜR EINEN LECKEREN SNACK

Cashewmilch mit Datteln (Seite 162)
Kalte Mangosuppe mit Basilikum (Seite 144)
French Toast mit Kokos und Limette (Seite 158)

FÜR EINE LEICHTE MAHLZEIT

Karotten-Velouté mit Ingwer (Seite 79)
Satini Cotomili (Seite 18)
Injera (Seite 28)
Kinkéliba-Eistee mit Minze (Seite 172)

FÜR EIN PICKNICK

Wraps mit Grillgemüse (Seite 97)
Mango-Chili-Sauce (Seite 22)
Pikanter Ananassalat (Seite 69)
Blumenkohl-Taboulé mit Pistazien und Zitronenconfit (Seite 71)
Erdnusscookies mit Datteln (Seite 154)
Zitronengras-Limonade (Seite 171)
Basilikum-Bissap (Seite 168)

FÜR EINEN SNACKABEND MIT FREUNDEN

Hummus mit Erdnüssen (Seite 38)
Knusprige Kichererbsen (Seite 34)
Gemüsetaschen (Seite 74)
Kochbananen-Beignets (Seite 44)
Pili-Pili-Sauce (Seite 22)
Zitronengras-Limonade (Seite 171)

UM IHRE KINDER ZU ÜBERRASCHEN

Yassa-Burger (Seite 116)
Süßkartoffel-Pommes-frites (Seite 52)
Kokos-Mango-Milchshake (Seite 166)

FÜR EIN MITTAGESSEN UNTER DER WOCHE

Gratitude Bowl (Seite 122)
Mangokompott mit Chili (Seite 145)

REZEPTREGISTER NACH HAUPTZUTATEN